AF456346

ARRONDISSEMENT DE VALENCE

A travers l'Histoire

CANTON DE LORIOL

ET DU

ROYANS

par A. LACROIX

Archiviste de la Drôme.

2e ÉDITION

VALENCE
IMPRIMERIE VALENTINOISE, PLACE SAINT-JEAN
1912

M. André Lacroix projetait de publier l'histoire des communes de l'arrondissement de Valence, comme il l'avait fait pour ceux de Montélimar et de Nyons. Il en avait édité la préface et le canton de Loriol dans *La Revue Dauphinoise* (1901-1902), lorsque la fermeture de l'Imprimerie Perrin, à Grenoble, en arrêta la suite et notamment le canton de Valence, déjà préparé et dont les seules communes de Beaumont, d'Etoile et de Montéléger parurent dans le *Bulletin de la Société d'Archéologie de la Drôme*, tomes 39 et 40.

On trouvera ici les cantons de Loriol et de Saint-Jean-en-Royans, celui-ci paru dans *Le Dauphiné* en 1898 et en 1899.

Quant aux autres, ils ont paru que par fragments :

— pour Chabeuil, sous les titres de *Tramway de Valence à Crest*, dans le *Bulletin de la Société d'Archéologie de la Drôme*, tomes 41 et 42, et de *Tramway de Valence à Pont-en-Royans* (s'arrête à Chabeuil), tome 43 ;

— pour Grand-Serre, dans le *Bulletin de la Société d'Archéologie de la Drôme*, tomes 3 et 4, et *Notice historique sur le canton de Grand-Serre*, Valence, 1883 ;

— pour Saint-Vallier (vallée de la Galaure), sous le titre de *Tramway de la Galaure*, *ibid.*, tomes 28-30 ;

— pour les communes de Romans et de Bourg-de-Péage, dans l'*Histoire de Romans et de Bourg-de-Péage*, Valence, 1897 ;

— pour celle de Châteauneuf-d'Isère, dans le *Bulletin de la Société d'Archéologie de la Drôme*, tome 27 ; — pour celle de Saint-Paul-lès-Romans, tomes 1-3 ; — pour celle d'Andancette, tome 6 ; — pour celles de Crozes, Echevis et Fiancey, tome 15 ; — pour celle d'Hauterives, dans *Notice historique sur Hauterives*, Valence, 1854.

La notice sur Saint-Nazaire-en-Royans, parue dans le *Dauphiné* de 1898, jointe au canton de Saint-Jean, a été comprise dans cette réédition.

J. F. R.

ARRONDISSEMENT DE VALENCE

A TRAVERS L'HISTOIRE

DU

Canton de Loriol et du Royans

par A. LACROIX

Archiviste de la Drôme.

La circonscription administrative, objet de cette étude, est sans contredit la partie la plus riche du département de la Drôme, avec ses belles vallées du Rhône, de l'Isère, de l'Herbasse, de la Galaure, de la Valloire et ses vertes collines du Royans.

Un document officiel de 1830 porte sa contenance imposable à 175.679 hectares, d'un revenu de 6.946.475 fr., et ses 2.216 maisons à 1.448.106 fr. chiffres évidemment modifiés depuis lors.

Elle comprend aujourd'hui 119 communes, 10 cantons et 156.486 habitants.

Anciennement, son territoire, au nord de l'Isère, appartenait aux Allobroges, et au midi, aux Ségalauniens de Pline ou aux Cavares de Ptolémée. Plus tard, les Romains soumirent ces tribus gauloises, trop faibles pour leur résister.

Après les invasions barbares, il faut presque attendre la mort du dernier successeur de Boson, en 1032, pour distinguer le Viennois et le Valentinois des autres divisions féodales échues aux archevêques de Vienne, aux évêques de Valence, aux comtes d'Albon ou Dauphins et aux comtes de Valentinois.

CANTON DE LORIOL

Saulce

La première commune du canton et la plus méridionale de l'arrondissement de Valence naquit d'une loi du 19 juillet 1860, qui lui assigna une part du territoire de Mirmande.

M. de Lacheisserie dans son rapport au Corps législatif, constatait que la section de ce nom, d'une population plus nombreuse et d'une étendue plus grande, avait toujours prévalu dans les décisions municipales, et que, de là, provenaient les divergences sans cesse renaissantes au sujet des écoles, du culte, de la vicinalité et de toutes les améliorations utiles (1).

La section plaignante, avec sa plaine arrosée par divers cours d'eau et formée en partie des riches alluvions du Rhône, obtint, en devenant commune, 1.801 hectares de territoire, 1.500 habitants et 6.100 fr. de revenus.

Mirmande aux coteaux et aux terrains accidentés, conserva 2.686 hectares d'étendue, 1.500 habitants et 6.100 fr. de revenus.

Malgré l'état-civil tout récent de Saulce, l'archéologue a le devoir de rechercher le passé de sa population exposée au passage de tous les envahisseurs (2). Si le village actuel, en effet, remonte seulement à Louis XIV et à une auberge construite sur la route de Paris à Antibes, près d'une plantation de saules qui lui valut son nom, les Romains avaient placé à un kilomètre de là, au nord, sur un plateau dominant la vallée du Rhône, un relai pour les courriers de l'Etat et, pour les personnages officiels, sur la voie d'Agrippa. Ce relai, dans les anciens itinéraires s'appelle *Mutatio de Bancianis*, *Bastianis* ou *Vacianis*, à cause d'une villa de *Batianus* ou d'une maison fortifiée du voisinage (3).

En vain des auteurs étrangers au pays ont-ils proposé Baix pour l'asseoir sur la rive droite du Rhône, leur opinion n'est pas soutenable à cause de la difficulté de passer et repasser le fleuve, et

---

(1) Imprimé aux Archives de la Drôme. — Mermoz, *Nouveau projet de répartition de la Contribution foncière*.

(2) L'*Annuaire officiel de la Drôme* pour 1901 donne à Saulce 1.842 hectares, 1.131 habitants et 1.496 fr. de revenus et à Mirmande, 2.645 hectares, 918 habitants et 6.955 fr. de revenus.

(3) De Coston, *Etymologie des noms de lieux de la Drôme*, dans le *Bulletin de la Société d'Archéologie*, tirage à part.

surtout devant les preuves historiques en faveur de Bance, village ou hameau bâti près du relai, avec un prieuré dépendant de l'abbaye bénédictine du Monestier-Saint-Chaffre. En effet, dès l'an 947 environ, Itier et Blitgarde, son épouse, donnaient aux religieux du Velay divers immeubles sis à *Bancianis*, à Cliou, à Centurie, Cocorian et autres quartiers. Plus tard, en 1179, le pape Alexandre III énumérait parmi leurs dépendances les églises de Cliou et de Bancianis (1).

A ces témoignages historiques viennent s'ajouter des preuves matérielles de l'existence d'une agglomération en cet endroit là, car on y a découvert des traces de voie romaine et une pierre milliaire (2), de nombreuses médailles, des tombeaux à auge, une statuette de Mercure et une petite boucle d'oreilles en or, le tout perdu ou dispersé aujourd'hui. Il existe au domaine de Melleret un fragment de statue de femme, en marbre ; à la maison Baratier, une mosaïque d'un mètre carré de surface, représentant le « noble et fier poisson », emblème du Dauphiné ; dans la propriété Daly, une mosaïque enfouie dès son apparition, et près des maisons Bénistant et Perrier, des substructions, des amas de briques, de tuiles plates à rebord et de poteries brisées. Enfin la présence d'un aqueduc souterrain et de tuyaux de conduite en plomb y complète la preuve d'un certain nombre de maisons habitées, détruites par le feu à une époque inconnue, comme l'indiquent des pierres calcinées, des cendres et des fragments de charbons (3).

Au commencement de ce siècle, les ruines de l'église et du prieuré de Bance y restaient encore visibles, ainsi que les restes d'un château-fort au bord du plateau.

Comme une branche du Rhône venait jadis baigner ses pieds et que, en se retirant à l'ouest de près d'un kilomètre, elle agrandit le territoire delphinal, une église y fut bâtie, en 1771, sous le nom de chapelle de Baye et devint succursale en 1826, son titre a passé, vers 1839, à Saulce, où un édifice plus sain et plus accessible venait d'être construit (4).

Quant au temple protestant, il a emprunté la chapelle voisine de l'ancien logis des de Saulses *(de Salsis)*, famille de Bourdeaux,

---

(1) U. Chevalier, *Cartulaire de Saint-Chaffre*, pp. 107 et 180.

(2) Le milliaire encore existant en 1817, rappelait l'empereur Flavius Valérius Constantinus sans indication de distance (*La voie d'Agrippa de Lugdunus au rivage Massaliote*, par Florian Vallentin, 1880, pp. 9 et 18).

(3) Notes de M. Marius Villard aux archives de la Drôme et statistique de la Drôme.

(4) Etat-civil ancien de Mirmande.

venue à Freycinet sur Mirmande, au commencement du XVIIe siècle, et illustrée par des marins de distinction et par un sénateur, ancien ministre, membre de l'Académie des Sciences.

Tels sont les renseignements spéciaux à la commune récente dont l'histoire se confond, avant 1860, avec celle de Mirmande où nous arrivons, station du chemin de fer de Paris à la Méditerranée. Marché le jeudi.

Distance de Loriol, 6 kilomètres ; de Valence, 27 kilomètres. Production : vin, céréales, soies, chaux hydrauliques, moulinages et filatures.

Contributions directes de 1873 : 10.079 fr. 61 à l'Etat, 4.292 fr. au département, 6.479 fr. 77 à la commune, 427 fr. 85 pour non valeurs, total 21.279 fr. 77.

Population en 1911, 1.166 habitants ; en 1921, 1032 habitants. Altitude : 111 mètres.

Mirmande

Du sommet d'une colline élevée, le village admire la vallée du Rhône et les vertes et pittoresques montagnes de l'Ardèche. Son nom, comme ceux de Montmirail et de Mirabel, lui vint de cette haute position. Il est bâti en amphithéâtre et dominé par une église ancienne et, par les ruines d'un château. Une route de Loriol à Marsanne passe à ses pieds.

On pourrait peut-être retrouver ses premiers possesseurs dans les familles qui en prirent le nom, les Itier et les Armands de Mirmande. Un Itier, comme il a été dit, dotait, vers 947, l'abbaye de Saint-Chaffre de quelques immeubles à Bance et à Cliou. Or, les archives de l'évêché du Puy en mentionnent d'autres : Itier de Mirmande, de 1291 à 1308 ; Pierre de Mirmande, fils d'Itier, en 1326 ; et Pons de Mirmande, en 1360, sans oublier un abbé de Cluny en 1343, que Valbonnais appelle « le docteur solennel » (1).

D'autre part, des titres anciens signalent à Pierrelatte, en 1258 un Pierre de Mirmande, damoiseau ; un Guillaume Armand de Mirmande qui tenait ce nom de Tibaude, sa femme, et, en 1270, un Pierre d'Armand, mari de Mabille de Pierrelatte (2).

Les documents consultés n'expliquent pas la présence simultanée de ces Mirmande en Velay et en Dauphiné ; toutefois, il sem-

---

(1) *Histoire du Dauphiné*, II, 480. Lascombe, *Répertoire général des hommages de l'évêché du Puy*, p. 108.

(2) L'arrondissement de Montélimar, à l'article Pierrelatte, t. VII.

ble probable que les Adhémar, dont les armes : d'azur à trois bandes d'or, se voient sculptées sur des roches voisines de l'ancien château de Mirmande, héritèrent des uns et des autres à une époque lointaine. Effectivement, sans remonter à l'évêque du Puy, légat du pape à la première croisade, membre de leur famille on voit Giraud, vicomte de Marseille, en partie, et seigneur de Montélimar et de Grignan, donner à son fils Giraudet, lors de son émancipation en 1227, ses biens de Mirmande et de Rochemaure et, en 1360, Tacette de Baux, par une transaction avec le pape Innocent VI, céder à son fils ses droits sur Montélimar, Condillac, Lachamp, Mirmande et la Tour-du-Verre, sous la réserve de ceux de l'évêque de Valence (1).

Comment concilier ces faits avec la donation de Mirmande à ces prélats, en 1224, par un Adhémar que Columbi appelle Guy, prénom inusité dans cette maison ? Ce qui est certain, c'est que l'empereur Frédéric II, de 1226 à 1238, dota l'évêché valentinois du château de Mirmande, de ses dépendances, de son péage et de toute juridiction civile et criminelle (2).

Il paraît aussi que les Poitiers élevaient des prétentions sur la même terre puisque, en 1245, Aimar, l'un d'eux, réclamait à Guillaume de Savoie, évêque de Valence, 10.000 marcs pour en avoir acheté et occupé le château sans son consentement et pour la guerre suscitée à cette occasion ; mais on ne trouve pas d'explication à ce sujet (3).

Plus tard, sous l'un des successeurs de Guillaume de Savoie, vers 1350, de nouveaux différends étant survenus entre le comte de Valentinois et l'évêque, Lambert Adhémar de Monteil, s'approcha de Mirmande avec un petit camp volant, y prit au dire de Chorier, six des meilleurs bourgeois, y tua trente deux habitants et se retira chargé de butin (4).

C'est tout ce qu'on sait des événements militaires accomplis autour du village, car la sauvegarde accordée aux habitants par Charles VI, en 1399, ne fut guère qu'une mesure de précaution en vue des menaces de Raymond de Turenne (5).

Au XVIe siècle même, les documents se bornent à mentionner des contributions et des logements militaires, sauf l'indication

---

(1) De Coston, *Histoire de Montélimar*. Barthélemy, *Inventaires des titres des Baux*.

(2) Hauréau, *Gallia Christiana*, t. XVI, instrum 124.

(3) Columbi, *De rebus gestis episcop. Valent.* — Jules Chevalier, *Histoire de l'église et de la ville de Die*, 1, p. 376.

(4) Chorier, *Histoire Générale*, II, 322.

(5) Archives de l'Isère, B. 2627.

suivante tirée d'une lettre des consuls, datée du 11 juillet 1579 : « Ce matin, nous avons estez assailhis de 200 harquebuziers et 50 chevaux qui, à soleil levé, nous ont présenté l'escalade : mais, nous ayant veu en bon ordre et deffense, n'ont ozé approcher plus près que de 100 pas » (1).

Ce silence de l'histoire va nous permettre d'étudier la condition des habitants aux époques anciennes, étant inadmissible que les annales des Adhémar et celles des évêques de Valence puissent être étudiées ici.

A défaut des chartes de libertés locales disparues, une reconnaissance générale du 20 mars 1770 faite à Mgr Milon par les représentants de la communauté, énumère ainsi ses droits féodaux.

« A lui seul appartiennent la justice haute, moyenne et basse, et le droit de créer et de destituer ses juges, lieutenant de juge, châtelain, procureur d'office, greffiers de judicature et de châtellenie, sergents, crieur public et gardes ; l'emplacement du château ruiné; les lods au 5e denier sur les fonds, censes, rentes et fiefs de sa directe, en cas de mutation des possesseurs ; les langues des bœufs et des vaches tués dans le mandement ; les eaux vives et mortes, les ruisseaux, égouts et arrosages ; un péage aux anses de 30 sols par couple de chevaux remontant des bateaux sur le Rhône ; la surveillance par ses officiers des poids et mesures ; la visite des chemins que les riverains doivent entretenir et l'interdiction de la chasse et de la pêche. Il peut aussi empêcher la construction de fours et de moulins nouveaux, le transfert des fiefs, droits et rentes de son domaine direct à des gens de main morte et à des privilégiés, sans son consentement et sans indemnité préalable. Enfin, il a droit à un denier par sétive de terrain arrosé, ensuite de la permission donnée en 1666 de se servir des eaux vives et mortes pour les irrigations, et quatre chapons pour les moulins dont l'un dit des Monges, étant ruiné, et l'autre appelé de la Vie ou de la Roue appartenait à la famille de Bannes qui l'avait acquis de la communauté, et à deux quartes de blé pour le devès de Montporchier ou le bois du four » (2).

Pareille énumération n'implique pas des charges exorbitantes puisque, à l'exception du péage, des censes et des langues de bœufs, l'Etat jouit aujourd'hui des mêmes prérogatives que le seigneur évêque.

Aussi, en 1789, dans leurs réponses à la Commission intermédiaire, les consuls se bornent-ils à réclamer une meilleure police

(1) Archives de la Drôme.
(2) Archives de la Drôme, Fiefs de l'évêché de Valence.

des eaux de la Teyssonne, des canaux et des fontaines, dans l'intérêt de l'agriculture et de l'industrie (1).

Au point de vue municipal, les décisions prises en assemblées générales des chefs de famille, tenues devant le châtelain ou représentant du seigneur, portent d'après les rares documents conservés sur le vote, en 1674, de 12 livres au maître d'école et de 100, outre les mois des élèves, en 1703 : sur la construction d'une voûte, près du four, destinée aux archives en 1704 ; sur la reprise d'un procès contre l'abbé de Saou, prieur, au sujet de la dîme du foin, en 1707 ; sur le refus de nourrir un enfant exposé, charge incombant au seigneur, et la répartition des 1.539 livres de la capitation (côte personnelle et mobilière), la même année ; sur l'imposition aux rôles de tailles de Baix des propriétés voisines du Rhône, en 1708 ; sur la dîme indue du blé noir et du millet, en 1709 ; sur la demande d'un vicaire, en 1711 ; sur la recette des tailles, confiée à Reynier, moyennant 6 deniers par livre, en 1720 ; sur l'imposition de 371 livres pour le luminaire de l'église, pour l'école, pour la dîme du foin, en 1745 (2).

D'après une déclaration du 20 février 1583, faite au délégué du vicaire épiscopal par le consul et deux conseillers, il n'y avait alors aucun prêtre dans la paroisse : l'abbé de Saou y possédait des dîmes, des censes et des immeubles affermés ensemble 180 livres : le cloîtrier, titulaire inconnu, jouissait d'un revenu de 20 écus par an ; le curé, dont la maison n'existait plus, habitait Châteauneuf-de-Mazenc ; ses immeubles, de 20 sétérées de contenance, avaient été corrodés par les eaux et sa portion congrue de 9 sétiers de blé et méteil ne suffisait pas à son entretien ; quant aux recteurs des Andrieux, des Armands, de Saint Laurent, de Notre-Dame, de Saint-Sébastien et autres, leur donation immobilière se réduisait à quelques sétiers de grains.

D'après le Pouillé (état des revenus de l'évêché de Valence) fait en 1728 et 1729, le curé nommé par l'évêque recevrait 300 livres de portion congrue et 115 de casuel : l'abbé de Saou, prieur, 600 livres pour Sainte-Foi et Notre-Dame de La Blache, et Joseph de Catalan, prieur de Notre-Dame de Bance, 110 livres.

Ajoutons que le chapitre de Saint-Apollinaire et l'ordre de Malte, prenaient, de leur côté, quelques redevances à Mirmande.

D'après les terriers ou livres de redevances de l'évêque, il avait dans son fief un certain nombre de vassaux nobles, comme Guillaume de Cornillan, de 1332 à 1347 ; Rixende de Villefort, en

(1) Archives de la Drôme, C. 4.
(2) Archives de Mirmande, analysées dans l'inventaire de la Drôme.

1345 ; Jacques Charnier, de Vernoux, père de Vierne, veuve de Raymond de Villefort, en 1354 ; Eustache Armand, en 1335 ; Jacques Penchinat et Antoine d'Urre du Puy-Saint-Martin, héritier d'Aimar de Cornillan, et Amédée Gaston, de Saint-Vincent, en 1475 ; Antoine Faure, du Pouzin, en 1485 ; Antoinette de Marsanne, fille d'Antoinette Peyrol, de Montélimar, en 1476 ; Louise Guyonnet, veuve de Jean Guyon, en 1481 ; Guillaume Guyon, Charles de Laurent, de Montélimar, Simon Certain, de La Laupie ; Claude Bayle, de Mirmande ; Raymond Faure, Hugues et Claude de Marsanne, frères, en 1501 ; Jacques de Bannes, seigneur de la Bâtie du Verre en 1551 (1).

A ce petit nobiliaire, utile aux historiens des familles, on peut ajouter encore les Gardon, de Baix, possesseurs de Gazavel, dont l'un, en 1527, s'intitulait seigneur du Saulce (2) ; les Vieux de La Motte, les Chabrier de La Baume, les Baratier et les de Saulsès de Freycinet qui furent souvent châtelains de Mirmande.

Un érudit distingué, M. Brun-Durand, donne, en ce moment, après la Biographie de M. Rochas, une biographie nouvelle de la Drôme (3) ; nous lui laissons le soin de faire connaître les illustrations de la commune.

L'évêque de Valence comptait aussi dans son fief un grand nombre d'emphyteotes ou de tenanciers qui lui payaient des redevances en nature, lesquelles arrivaient avec les dîmes, au XVIIe siècle, à 92 sétiers de blé et à 50 charges de vin (4).

Il a été trouvé à Mirmande, dans le lit de la Teyssonne, un petit caillou de couleur bronzée, avec cette inscription en relief :

W. (Vive) le Généreux
Conte de Suze et
Monsieur le Contin
son fils. le
4 septembre 1598.

M. le chanoine Perrossier, savant archéologue, voit là un souvenir de Rostaing de la Baume-Suze, père d'Annet, comte de Suze et de Rochefort, et de Louis-François, évêque de Viviers.

---

(1) Cet ancien fief avait passé des Bayle aux de Bannes par suite d'une alliance et des héritiers de M. de Bannes de Puygiron à M. Ernest de Soubeyran de Saint-Prix, de Saint-Péray, vers 1830.

(2) Archives de la Drôme, E. 1180.

(3) *Dictionnaire biographique et biblio-iconographique de la Drôme*, Libr. Dauphinoise, 1900, 2 vol. in-8°.

(4) Archives de la Drôme, Fiefs de l'Evêché de Valence.

Il ajoute : « Outre l'intérêt historique qu'offre ce caillou, je le considère comme un chef-d'œuvre de difficulté vaincue ; c'est vraiment un objet d'art. Le relief des caractères est parfaitement régulier. Je doute qu'aucun musée possède rien de semblable » (1).

Malheureusement, une pierre un peu plus grosse, trouvée au même endroit, représente une tête d'homme coiffé d'un chapeau à claques ; ce qui rendra longtemps perplexe les archéologues.

Distance de Valence, 50 kilomètres ; de Loriol, 9 kilomètres.

Productions agricoles et industrielles, comme à Saulce.

Population : en 1896, 918 habitants, en 1911, 816 habitants, en 1921, 615 habitants.

Contributions directes en 1873 : 8.441 fr. 42 à l'Etat, 9.371 fr. 84 au département, 6.802 fr. 93 à la commune et 381 fr. 91 au fonds de non valeurs. Altitude 148 mètres.

Cliousclat

Dans les âges lointains, le service paroissial était confié à des religieux du Monestier-Saint-Chaffre, d'Aurillac, de Cluny, de Citeaux ou de quelque autre abbaye renommée.

Il a été question déjà d'une donation à Saint-Chaffre, vers 947, par Itier et Blitgarde, d'immeubles sis à Bance et à Cliou, et en 1179, des églises de ces deux localités dépendantes de l'abbaye Vellavienne, fondée au VIe siècle par saint Carmery et par saint Theoffrey ou Chaffre (2).

Une discussion s'est élevée, en 1867, sur l'identité de Cliou *(de Clivo)*, de 947 et de chartes postérieures, les uns le plaçant à Glun (Ardèche), d'autres à Cléon-d'Andran et les troisièmes à Cliousclat. Comme le cartulaire de Saint-Chaffre favorise également les trois opinions, il suffira de donner les raisons qui militent en faveur de la dernière.

Selon M. de Coston, *clius*, *clevus*, *cleu* et *clovum* indiquent une colline, une hauteur quelconque, et ni Glun, ni Cléon-d'Andran n'en possèdent de bien accentuées auprès de leur village, alors que Cliousclat, en face de Mirmande, au midi et à pareille altitude, justifie pleinement son nom. Quant à l'adjectif *usclat* (montagne brûlée) ajouté au nom primitif, il lui vient d'après M. de Coston dans ses *Etymologies des noms de lieu*, de « l'incendie allumé à la fin du XIVe siècle par Roger-Raymond de

---

(1) *Bulletin de la Société d'Archéologie*, IX, 343-4.

(2) U. Chevalier, *Cartulaire de Saint-Chaffre*, pp. 36, 37, 149, 180, 207, etc.

Turenne qui apporta dans nos pays le pillage et la dévastation (1) ». Par conséquent, ce nom ne lui a pas été donné par la famille Usclat, encore existante dans la commune.

Grâce à un document publié par le P. Denifle dans son ouvrage récent sur *La désolation des églises, monastères, hôpitaux en France vers le milieu du XVe siècle*, et reproduit dans le *Bulletin d'histoire ecclésiastique et d'archéologie religieuse* des diocèses de Valence, Gap, Grenoble et Viviers (2), il est possible de fournir quelques détails sur le prieuré de Cliousclat, de l'ordre de Saint-Benoît, au diocèse de Valence, entre les terres épiscopales de Mirmande et de Loriol, et non loin de la grande route de Valence à Avignon.

Cette obédience, dit le document analysé ici, fondée et dotée à une époque ancienne, jouissait de revenus suffisants pour la célébration du culte et pour l'entretien de plusieurs religieux. Aussi des habitations s'y étaient-elles construites auprès du château et de l'édifice monacal. Mais, par suite de la négligence ou de la mauvaise administration des prieurs, château et maisons fortes s'étant presque écroulés, laïques et moines avaient fui et l'office divin y avait cessé. Bien plus, des brigands avaient fait de ces ruines un repaire dangereux non loin de la route de Valence à Avignon, d'où ils venaient spolier les passants et les emprisonner. Outre ces violences, ils menaient une vie scandaleuse et mettaient en circulation de la fausse monnaie fabriquée par eux ; de sorte que l'ancienne maison de prières s'était transformée en une caverne de voleurs.

Afin de ne pas laisser impunis de semblables crimes, l'évêque, déjà seigneur du lieu, demandait l'union du bénéfice à sa mense, c'est-à-dire à ses revenus, et son vœu fut exaucé par le Pape, le 8 novembre 1441.

Une autre preuve résulte d'un terrier en faveur du prieuré de Cliousclat de 1324 à 1327, en 1.181 lignes et en 16 peaux, dont la première a malheureusement disparu, énumérant les biens et les emphytéotes de ce bénéfice (3).

On possède aussi des reconnaissances aux évêques de Valence, par leurs 104 emphytéotes de la seigneurie, de 1474 à 1764, qu'il serait trop long d'analyser, mais celles des consuls et représentants de la commune méritent un examen rapide. En 1576, le prélat possède la dîme de tous les grains à la côte 15e (de 15 gerbes une)

---

(1) *Bulletin de la Société d'Archéologie.*

(2) Année 1898, 1re livraison.

(3) Archives de la Drôme. Bénéfices du diocèse de Valence.

et celle du vin à la côte 20e ; les lods, en cas de vente, au 8e denier, et les mi-lods, en cas d'échange, de la moitié moins ; mais, en 1764, par suite de modifications antérieures, la dîme n'affectait plus que le blé, le seigle, l'orge et l'avoine, et les lods n'étaient plus exigés des nobles qu'au denier 5, et des roturiers ainsi que des propriétaires arrosants, au denier 8.

Ses autres droits comprenaient la justice haute, moyenne et basse ; la défense de transférer sans permission et sans indemnité les immeubles de sa mouvance à des gens de main-morte ou à des privilégiés ; la possession des terres, hermes ou vacantes de sa directe, et celle des eaux vives et mortes, arrosages et égouts ; la surveillance des poids et mesures et celle des chemins ; l'emplacement et le circuit du château ruiné, la chasse et la pêche, les fours et moulins.

D'après ces documents, sa juridiction lui venait d'un accord de 1456, entre Louis de Poitiers, évêque de Valence, et Louis, dauphin (Louis XI), confirmé par ce roi, par François Ier, Charles IX et Louis XIII (1).

Une déclaration des consuls et conseillers, du 20 février 1583, nous apprend qu'à cette date, l'église « estant par terre » depuis les premiers troubles, et la portion congrue de 12 setiers de grains ayant cessé d'être payée, aucun prêtre ne voulait résider dans la paroisse, dépourvue d'ailleurs de maison curiale et de dotation quelconque. L'église réparée, en 1685, aux frais de Mgr Daniel de Cosnac, existe encore sur un tertre à l'ouest et près du village. Elle a été érigée en succursale en 1826 et représente une croix latine, avec des murs de 1 m. 30 d'épaisseur. Son élégant clocheton supporte une statue de la Sainte Vierge.

Comme en 1645, à la suite de la démolition du temple, ordonnée par l'évêque en tournée, les réformés avaient obtenu de la chambre de l'Edit une prise de corps contre un catholique, l'affaire fut portée devant l'assemblée du clergé qui ordonna la jonction des pièces produites aux plaintes similaires venues d'ailleurs. M. E. Arnaud ajoute que le Conseil du roi, par arrêt du 6 mars 1646, donna raison à l'évêque, mais que les réformés continuèrent à se réunir « dans le four public ou dans la maison consulaire », ce qui leur fut interdit en 1664 par la suppression de l'exercice de leur culte. Un pasteur y réside aujourd'hui.

Le village n'a de remarquable qu'une belle fontaine et quatre fours à poterie où sont cuites des amphores pour la conservation des huiles et du lait. Cette industrie fort ancienne occupe une cinquantaine d'ouvriers.

---

(1) Archives de la Drôme. Fiefs de l'évêché de Valence.

La fabrication de la chaux, autrefois prospère à Mirmande, se trouve supplantée par celle de Cliousclat, aussi durable que le ciment romain. Sur le sol de la commune existe, sur le versant ouest de la colline, la demeure de M. de Ravel, ancien maire et ancien officier de marine.

Faute d'archives, on ne sait rien de plus sur Cliousclat.

Contenance imposable en 1839 : 939 hectares, d'un revenu de 28.170 fr. ; 193 maisons, d'un revenu de 3.943 fr.

Population : en 1839, de 783 habitants ; en 1860, de 788 ; en 1878, de 708 et en 1896, de 528 ; en 1911, 485 habitants ; en 1921, 405 habitants.

Productions agricoles : vin, soie, céréales et fourrages.

Distances : de Valence, 26 kilomètres, de Loriol, 5 kilomètres.

Contributions directes en 1873 : 3.867 fr. à l'Etat, 1.695 fr. au département, 2.332 fr. à la commune, et 161 fr. aux non-valeurs. Altitude, 232 mètres.

Loriol

I. — *Topographie et Origines.*

La vallée du Rhône se trouve resserrée depuis la rive gauche de la Drôme jusqu'à Donzère entre des roches calcaires aux couches redressées qui se rattachent à celles de l'Ardèche (1). Loriol où nous arrivons, s'élève au pied d'un mamelon de sable formant la dernière assise de la chaîne orientale des montagnes dauphinoises. Il est à quelques kilomètres du Rhône et de la Drôme, son affluent, de sorte que divers canaux, en fécondant sa plaine, lui assurent la verdure des prairies et l'or des moissons. Le site ne manque ni de grâce, ni d'agréments. Dans l'intérieur, une longue rue, parallèle à la route de Lyon à Marseille, et construite en dehors de l'enceinte primitive, présente des usines à soie avec des tanneries, des poteries et divers ateliers ; une rue assez bien bâtie y communique avec de petites rues transversales étroites et un commencement d'avenue vers la gare est en voie de construction.

« Placé entre Valence et Montélimar, Loriol est un point central où aboutissent plusieurs routes qui le mettent en rapport avec Crest et avec des communes très actives et très populeuses. La richesse de son sol, son commerce, son industrie et les avantages de chef-lieu de canton qu'il reçut en 1790, lui présagent un avenir de progrès, de grandeur et de développement » (2).

---

(1) Lory, *Description géologique du Dauphiné.*

(2) *Notice historique sur Loriol*, p. 66.

Son histoire a été écrite déjà par M. l'abbé Vincent dans une notice fort littéraire publiée en 1854 ; mais, en ce genre d'études, il y a toujours place pour des révélations nouvelles.

Bâtie auprès de la voie d'Agrippa, transformée au moyen âge en chemin royal, la ville n'a conservé aucun souvenir des périodes préhistoriques gauloises et romaines, et si la découverte de monnaies, de substructions et de mosaïques y révèle d'anciennes villas, aucune inscription portant les noms de personnages marquants ne rend témoignage de son importance primitive. A la vérité, le passage de divers peuples barbares, à la chute de l'empire romain et même plus tard, ne devait pas encourager son développement, non plus que les guerres des Burgondes et des Francs ; aussi les habitants se placèrent-ils de bonne heure sous la protection des plus puissants seigneurs de la contrée.

Tout d'abord une simple motte ou fortification en terre, au sommet du coteau voisin, servit à leur défense ; plus tard, des murs d'enceinte et des tours rendirent la place imprenable... avant l'artillerie. Faut-il chercher là de grands événements, des batailles mémorables ou des industries et un commerce prospères ? Non, Loriol paraît avoir été à toutes les époques une commune agricole, vouée par sa situation au transport des personnes et des marchandises, avant le chemin de fer. Elle a eu pourtant ses jours de gloire et de deuil et mérite, à ce titre, une étude attentive, après avoir dégagé, dès le début, la vérité historique des légendes et des hypothèses plus ou moins favorables à sa gloire.

Sans parler d'Annibal qui aurait campé sur son territoire, il convient de rappeler l'opinion de Chorier (1) et de Guy Allard (2) faisant honneur de sa fondation à l'empereur Aurélien, à cause de son nom latin *Aureolum* et *Auriolum*. Or, il existe un Loriol dans Vaucluse, un autre dans l'Ain, des Oriol dans le Royans et dans le Trièves, un Oriole en Italie, des tours dites d'Oriol près d'Annonay et plusieurs hameaux appelés les Auriols et les Oriols. Si l'on admettait l'étymologie proposée, l'empereur romain dont règne dura cinq ans à peine, aurait passé son temps, la truelle à la main, pour créer des cités et des bourgs. D'autre part, l'historien Aimar du Rivail, qui écrivait au XVIe siècle, fait dériver le nom du loriot, oiseau à couleur d'or qui se trouve en grand nombre dans les bois voisins et qui figure dans les armoiries de la ville (3). Bien que le merle ait donné son nom à quelques loca-

---

(1) *Histoire du Dauphiné*, I, 401.
(2) *Dictionnaire historique*.
(3) *Description du Dauphiné*, traduction de M. Macé.

lités, l'opinion du vieil auteur dauphinois semble un peu fantaisiste. Enfin, M. de Coston pense que ce nom vient d'*Oriolum*, *Orreolum* et *Orrium*, avec la signification, en basse latinité, de bâtiment, porche, grenier, et que l'article s'est incorporé avec le nom, comme à Lille pour l'île, Lorme pour l'orme, l'audier pour laudier, lierre pour le hierre, etc. (1).

Dans ce cas, l'origine de la ville serait moins brillante ; mais qui saura jamais sûrement les inspirations véritables des parrains de nos bourgs et de nos cités ? Quant à l'incendie dont parle Grégoire de Tours, à la cinquième année du règne de Childebert, D. Bouquet et M. Guizot le placent à Orléans (2) et non à Loriol, et rien dans le contexte n'indique le midi plutôt que le nord.

L'absence de renseignements sur le berceau de l'agglomération actuelle permet à M. de Pizançon de reculer l'émancipation des évêques de Valence de la tutelle laïque jusqu'à Louis l'Aveugle, fils de Boson (910), et d'attribuer l'origine de leur pouvoir à la curie, dont ils étaient chefs, ce qui lui donnerait pour base la volonté populaire. D'après Columbi, Odilbert, l'un d'eux, octroyait à Giborne de Loriol, l'usufruit de quelques fiefs et l'autorisation de construire un fort dans les terres de l'évêché. Ce fait à la date de 1139 indiquée par l'auteur, n'aurait rien d'anormal ; mais Odilbert vivait de 949 à 950, c'est-à-dire près d'un siècle avant la chute du trône élevé à Mantaille par Boson, et il acquiert ici une réelle importance pour notre thèse (3). On sait qu'après la mort, en 1032, de Rodolphe III, dit le Fainéant, les empereurs d'Allemagne, en vue de conserver une ombre d'autorité sur nos pays, distribuèrent des villes et des territoires aux prélats et aux familles dévoués à leurs intérêts, et qu'en 1157, l'évêque Odon reçut de Frédéric Ier un certain nombre de places, comme Fiancey, Livron, Loriol, etc., faveur confirmée par les empereurs Philippe II, en 1205, et Frédéric II, en 1238. En réalité, ces dons sanctionnaient une possession antérieure. Depuis lors, jusqu'en 1790, Loriol est demeurée terre épiscopale, car l'hommage rendu au Dauphin de Viennois, en 1295, par Hugonet de Gorce, concerne les châteaux d'Oriol et de Remirans dans l'Isère (4). A la vérité, Louis XI, encore dauphin, obtint des évêques de Valence la suzeraineté sur Loriol en 1450, mais il leur rendit leurs droits régaliens six ans plus tard.

---

(1) *Etymologie des noms de lieux de la Drôme.*

(2) *Recueil des historiens des Gaules. Collection de mémoires sur l'Histoire de France.*

(3) *Columbi, de rebus gestis Valentinorum et Diensium episcoporum*, p. 21 — De Manteyer, *Les Origines de la Maison de Savoie.*

(4) U. Chevalier, *Inventaire des Dauphins.*

Il convient donc d'examiner la condition des habitants sous la domination ecclésiastique pendant huit à neuf siècles et cela, d'après les documents connus et sans parti pris ; sans doute, les lacunes abonderont dans cet exposé ; mais ce n'est pas là une raison suffisante pour négliger les révélations des archives publiques.

II. — *Les Fortifications et les Libertés.*

M. l'abbé Vincent fait naître le bourg « aux pieds d'un formidable donjon, et après avoir acquis un développement suffisant, il s'entoura de hautes murailles, flanquées de tours et percées de portes qui, en se reliant au château, formèrent une forteresse spacieuse au sein de laquelle se trouvaient la paix et la sécurité ». L'auteur, cependant, ne croit pas que ces travaux défensifs aient été l'œuvre des évêques. Mais alors, que serait devenu le pacte féodal obligeant le seigneur à protéger ses vassaux et ceux-ci à lui devoir fidélité et soumission ? Pourquoi aussi la redevance sous le nom de vingtain, de la vingtième partie des récoltes, y aurait-elle été exigée pour l'entretien des murailles comme l'indique une pauvre ruelle encore existante ? On a, au surplus, une preuve plus directe du fait avec Aimar du Rivail, déjà cité. « Dans la partie la plus haute de Loriol se trouve, dit-il, un très ancien château et une tour solide, non moins haute que le mont Laya, qui en est voisin. L'évêque Antoine de Balsac (1474-1491) y a construit, de nos jours, un palais, une belle maison et une prison très forte ». Au dire du même auteur, la ville était alors très fréquentée par les voyageurs, très fortifiée et environnée de quinze tours, si bien que les habitants se défendant arrêteraient toute une armée. A l'appui de son dire, il rappelle que, récemment, ils avaient repoussé la compagnie de gens de pied et autres troupes nombreuses du capitaine de Lorges (Jacques de Montgommery) (1). Cependant, malgré ses remparts et ses tours et malgré même la valeur militaire déployée par quelques prélats valentinois, dans leurs luttes contre les Poitiers, la crainte des bandes de Raymond de Turenne engagea Loriol, Mirmande, Allex, Valence, etc., à réclamer au roi Charles VI sa sauvegarde royale, moyennant 60 écus d'or (1406).

Ce fut là, sans doute, un acte de prévoyance qui ne leur valut aucun secours. Pris et repris par les catholiques et les protestants, son château et ses murailles furent abattus en 1581. Aussi en 1775, lorsque le minéralogiste Guettard vint loger au *Charriot d'or*, il

(1) *Description du Dauphiné*, p. 116.

n'y trouva « qu'un gros bourg environné de murs en mauvais état » et une belle fontaine à l'eau bonne et limpide (1).

La sécurité des habitants ne fut pas la seule préoccupation des seigneurs qui devaient aussi leur assurer la liberté individuelle et celle du commerce. Une transaction du 4 octobre 1248 entre Philippe de Savoie, élu archevêque de Lyon et procureur de l'église de Valence, avec Aimar de Poitiers obligea celui-ci à affranchir de tout péage et sauf-conduit dans sa terre jusqu'à Crest les vassaux du prélat, à les exonérer de toute fourniture de vivres et de boissons, sauf du sel, des amandes, du poivre, du gingembre et autres denrées vendues au poids, à leur permettre le transport de leurs marchandises par les chemins publics et à se désister de tous les droits du feu seigneur de Beaudiner sur le territoire de Lésignan, appelé Bésignan dans l'acte. La conservation de ce document dans les archives de Loriol prouve son intérêt pour la population (2).

D'autres actes non moins utiles à son histoire ont disparu des archives publiques, témoin la concession de franchises, rappelée par Gaspard de Tournon, en 1519, lorsqu'il confirma l'exemption des clames, espèces d'amende et de peine contre le débiteur qui ne se libérait pas à l'époque convenue (3). Fort heureusement cette perte peut se réparer à l'aide des reconnaissances générales encore existantes, résumant les libertés primitives et les modifications ultérieures. Ainsi, en 1666, d'Arnoux, châtelain, Taillebois et Beylieu, consuls, Flaudin, Reboul, Dusserre, notaire, Gagnat-la-Couronne, secrétaire, et Faure, notable, autorisés par leurs concitoyens déclaraient reconnaître à leur seigneur Daniel de Cosnac, évêque et comte de Valence et Die, prince de Soyons, conseiller du roi en ses conseils et aumônier du duc d'Orléans, représenté par Jean de Molinier :

1° La justice haute, moyenne et basse, d'après l'accord de 1456, de Louis, dauphin, avec Louis de Poitiers, confirmé par Louis XII, François Ier, Charles IX et Louis XIII, et la reconnaissance passée à Charles-Jacques de Léberon, ce qui lui permettait d'établir et de destituer ses juges et lieutenant de juge, ses châtelain et vi-châtelain, son procureur d'office, ses greffiers, sergents, crieurs et banniers.

2° Ses vassaux, sujets et justiciables sont tenus de lui remettre les aveux et dénombrements de tous leurs biens, rentes et droits

---

(1) *Minéralogie du Dauphiné*, I, 96.
(2) *Inventaire sommaire des Archives de la Drôme*, VI, 228.
(3) Drôme, E, supplément aux communes.

avec indication des censes et pensions qui les grèvent, à chaque renouvellement de terrier ou livre des redevances ; ce qui est prouvé par une longue énumération d'aveux pareils de 1332 à 1601.

3° Outre le droit d'investiture et de plait, l'évêque prend les treizains, lods et droits de baile sur les fiefs, rentes et fonds de sa mouvance et sur les fonds arrosés, qui relèvent d'un autre seigneur, et les demi-lods, en cas d'échange.

4° Les fonds, fiefs et rentes relevant de lui ne peuvent être transmis à des gens de main morte ou autres privilégiés de droit, sans indemnité et sans son consentement.

5° A lui appartiennent les fonds hermes et vacants non réclamés et non de la directe d'un autre seigneur ; les eaux vives et mortes sortant en lieux publics ou traversant les chemins ; les ruisseaux, arrosages et égouts qu'il peut inféoder ou alberger, et dont personne ne peut disposer contre son gré ; les chemins et les places qu'il a droit de faire visiter et réparer par les riverains ou autres.

6° Il lui est payé, pour la moitié de l'arrosage et du patis du moulin de ce nom, une cense de cinq sétiers de blé, l'autre moitié appartenant à Jean Benoît, successeur d'Imbert de Cavalaron et de Tiers d'Urre.

7° Les lods, l'investiture et une cense de six deniers sont à lui pour la faculté de prendre l'eau dans les mandements de Livron et de Loriol, de lui faire traverser le chemin royal de Montélimar à Valence, et de l'amener au moulin banal nouvellement construit, au-dessous de Saint-Antoine, tant pour la banalité que pour l'arrosage des fonds voisins du canal. Il est ajouté que la mouture s'y lève à la côte 40e.

8° Le grand four banal et les fossés ayant été albergés à la communauté moyennant une pension de cent livres, l'évêque exonéra alors les habitants des corvées et du droit de ban-vin ou droit exclusif de vendre le vin en mars et en août. La pension convenue fut réduite plus tard quand divers particuliers albergèrent les fossés.

9° Tout héritage non réclamé par des héritiers légitimes ou provenant d'étrangers sans enfants et non naturalisés, lui fait retour.

10° Les mesures des grains sont inférieurs d'un quart par sétier à celles de Valence ; celles du vin comprennent la charge égale à deux barraux, le barral valant 24 pots et le pot pesant quatre livres. Les poids doivent être « eschantillés » par ses officiers et marqués de ses armes.

11° Nul que lui ne peut ériger des guérites, faire des fossés et autres marques de maison forte, construire des pigeonniers et créer des garennes sans permission. Il autorise ou défend, à son gré, la chasse et la pêche.

12° Des censes de trois quartes de blé et de 6 sols lui sont dues pour les trois bois des Blaches, d'une quarte et d'un picotin et demi de blé pour le bois de l'Ermite et d'une émine de blé pour terre à la Maladière. Il possède un château ruiné dans l'enceinte des murailles avec son circuit et sa motte.

13° Les censes dues pour concession d'immeubles sont payables en grains à la Saint-Julien, et les droits seigneuriaux à Noël.

14° Tout ce qui précède lui est reconnu à la condition de ne rien innover et de ne toucher en rien à leurs libertés et notamment au passage de leurs personnes et de leurs marchandises sur le pont de Livron, sans payer ni péage ni droits (1).

Cette analyse ne révèle rien d'exorbitant, et l'Etat qui, aujourd'hui, jouit du haut domaine ou de la directe seigneurie, possède la plupart des mêmes droits, à l'exception des censes, représentant les obligations consenties, lors de la concession du sol, aux tenanciers.

Censes et droits féodaux tenaient lieu, à l'origine, des tailles ou impôt foncier établi par Charles VI et Louis XI et voté par les Etats de la province.

Bien que la reconnaissance de 1666 ne fasse aucune allusion aux franchises municipales, Loriol avait une administration composée de deux consuls, chargés de la recette des tailles et de l'exécution des votes émis dans les assemblées générales des chefs de famille, réunis devant le châtelain ou représentant du seigneur, après convocation régulière. Les plus anciens comptes consulaires ne remontent pas au-delà de 1559, et les délibérations au-delà de 1570. Il y a là, évidemment, de grandes lacunes. Un arrêt du Conseil du roi de 1630, réduisit à 24 membres le Conseil général ou assemblée des chefs de famille et, à 12, le Conseil particulier, et composa l'un et l'autre de catholiques et de protestants par moitié. Des requêtes au Parlement semblent indiquer une assiduité peu régulière aux assemblées, car elles réclament une amende d'une à trois livres contre les absents (2). Vers 1760 et 1769, il est fait mention d'offices municipaux acquis par la com-

---

(1) Drôme, Evêché de Valence, série G.
(2) *Inventaire sommaire*, VI, 234.

mune et de l'exécution de la déclaration royale de 1766 qui modifia l'administration des villes, bourgs et villages.

En résumé, les délibérations existantes regardent les impôts, les présents au seigneur, le traitement des instituteurs, le passage des rois, princes et personnages distingués, les procès, les logements militaires et tout ce qui intéressait la population (1).

La recette des tailles suscita de grandes difficultés dans la province, au milieu du XVIe siècle et au commencement du XVIIe. C'est l'époque où Claude Brosse, Vincent, Lagrange et Rambaud firent entendre d'énergiques protestations. Richelieu finit par déclarer la taille réelle avec de notables restrictions et supprima, en même temps, les Etats du Dauphiné qu'il remplaça par l'Intendance et par les Élections, tribunaux identiques à nos Conseils de préfecture actuels.

Or, l'Election de Valence, dont Loriol relevait depuis 1628, envoyait de temps à autre un de ses membres pour s'enquérir de la situation économique des communes, et il nous reste deux procès-verbaux de ces visites officielles, l'un de 1661, et l'autre de 1689.

III. — *Condition agricole et logements militaires.*

Le premier délégué, en 1661, constate que le sol n'est productif qu'à force de travail, et que la récolte de l'année sera insuffisante à la consommation.

Il n'y a pas de revenus communaux et sur 314 capagers ou contribuables aux rôles d'industrie, facultés et moyens secrets, 76 nouveaux venus sont si pauvres qu'ils menacent de partir sans payer leurs cotes, le commerce y étant fort peu considérable (2). Les inondations de septembre ont emporté la terre arable et pénétré dans les caves ; d'autre part, des brouillards fréquents « ont brûlé les bleds ». La Drôme occupe près d'un quart du mandement et souvent couvre toute la plaine. Le pont jeté sur cette rivière pour le grand chemin se trouve entièrement ruiné et, en deux ou trois endroits, les voitures ne peuvent circuler sans danger ; un cheval a même péri « dans une fondrière ». Il existe un autre chemin plus long, dont le péage de Baix éloigne les charretiers. Le produit de la vendange a été médiocre ; faute de feuilles, les vers à soie n'ont pas réussi ; enfin les fonds du mandement

---

(1) Les passages cités sont ceux de Lesdiguières, en 1644, du prince de Conti, en 1656, et de la reine de Suède, la même année, de Charles IX, en 1564, de la reine mère, en 1579, de Louis XIII, en 1632, et des princes, en 1702.

(2) François Ier, en 1533, y créa quatre foires et un marché le vendredi, et Louis XVI, deux autres foires, en 1775.

sont chargés, la plupart, de censes et de pensions telles qu'une bonne partie du meilleur terrain paie un sétier de blé par sétérée (1).

En 1689, le deuxième délégué porte la population à 260 chefs de famille environ, chiffre qui, multiplié par 5, donnerait 1.300 personnes, et constate la fuite de beaucoup de nouveaux convertis. Comme le principal revenu provient des céréales et des cocons, il y a déficit de part et d'autre. Les ruisseaux du mandement ont ensablé les premiers et les seconds foins, et la récolte des noix, d'un produit considérable, se trouve compromise. Le torrent de Bramefun a dégradé le grand chemin de Valence. Il n'y a d'autre fief que celui de l'évêque. En outre, « le grand passage des gens « de guerre charge tellement le pauvre lieu, qu'une grande partie « de la population est réduite à la misère » (2).

Déjà, le procès-verbal de 1661 avait à ce sujet fourni des renseignements explicites : « Il y a quarante ans environ, disait M. For- « net, que les habitants souffrent des logements militaires, tant « en quartier d'hiver qu'à l'étape, et dont, outre le rançonne- « ment fait aux particuliers, le total, en pure perte, atteint « 250.000 livres environ, d'après les comptes produits, et cette « somme répartie sur tous les possesseurs de fonds taillables ne « pourrait être recouvrée. Pendant ces logements, la plupart des « habitants ont dû quitter leurs maisons et les abandonner au pil- « lage ; actuellement même, plusieurs ne veulent revenir. Il y eut « des voies de faits graves en 1652, au passage d'un régiment de « cavalerie ; Louis Boudon fut tué et plusieurs personnes blessées, « ce que les procès-verbaux envoyés à la Cour constateront. Cette « année 1661, ils ont reçu 16 compagnies du régiment des gardes, « venant de Provence et du régiment de Champagne, composées « de 2.800 hommes, lesquels ont logé à discrétion, sans rien « payer, bien que l'ordre du dernier corps portât le contraire ».

Les archives de Loriol signalent un grand nombre d'autres faits pareils et nous apprennent qu'en 1664, le 29 avril, 20 compagnies du régiment royal allant à Valence, après un séjour de 48 heures, se mirent en route. Comme la Drôme était fort grosse, une vingtaine d'habitants allèrent leur prêter secours. 6 à 7 compagnies parvinrent à gagner la rive droite, et 70 ou 80 soldats, dont le bateau avait été entraîné, faillirent périr. Force fut aux 13 ou 14 compagnies restantes de rebrousser chemin. Le jour de leur départ arrivait à Loriol le régiment de la marine, et quand ce fut à son tour de passer la rivière, le fermier du port refusa de mettre

(1) Drôme, C. 846.
(2) Drôme, C. 924.

une traille neuve, et des habitants de Livron intervenant, une rixe s'ensuivit entre les deux communautés (1).

Mgr de Cosnac, en passant à Loriol, à la suite du prince de Conti, engagea les consuls à s'entendre avec de Jasse, son intendant, pour l'exemption de l'étape et du quartier d'hiver. Un traité fut conclu moyennant 2.000 livres en 1656. L'année suivante, quand la moitié de la somme fut réclamée, les consuls répondirent qu'ils avaient tenu leurs engagements et que, néanmoins, toutes les troupes de passage avaient été à leur charge. L'évêque, instruit du fait, promit de faire exempter Loriol comme les autres terres épiscopales et de supporter lui-même les frais et dommages de tous les logements « par ordre ». Il en fut donc dressé un état depuis 1655 et l'on y joignit les procès-verbaux des désordres, violences et rançonnements commis (21 octobre 1657). Un nouveau marché, à raison de 1.000 livres, n'amena pas de meilleurs résultats et il fallut réclamer le remboursement de la plus grosse part de la dépense et le paiement des aides dues par diverses communautés de la province (2). Quelquefois même, comme en 1663, on traitait avec les officiers, à cause de la grande quantité de neige empêchant les approvisionnements, et en 1669, avec l'étapier général de la province (3).

Cet état de choses remontait loin dans le passé, témoin une requête des consuls et habitants à l'évêque Jean de Montluc, commissaire du roi en Dauphiné, pour l'observation de l'édit de paix, où ils rappellent l'occupation de leur lieu, démantelé et ouvert par le seigneur de Montbrun et autres, « la plus part du temps » ; la fuite des familles avec leurs meubles et leur bétail, « après la consommation de leurs vivres et biens » ; le logement des reîtres, de 4 compagnies de gens de pied et d'une garnison, le brûlement des portes, fenêtres et toits des maisons par les corps de garde, faute de bois, « de façon que de 300 maisons il en reste au plus « 180, esquelles y aie couvert, et qui encor sont sans porte, ne « fenestre et sans meuble de bois », la mortalité occasionnée par cette multitude de soldats, comprenant « presque les deux tiers du peuple » ; l'impossibilité de semer et de moissonner, à cause « des « courses continuelles des ennemis et de la perte de tout le bétail « gros et menu, et enfin le paiement des contributions levées pour « sauver leur vie ».

Ils demandaient, en conséquence, au prélat et au Parlement la décharge des 1.500 livres d'arrérages de tailles réclamées par

---

(1) *Inventaire sommaire de la Drôme*, VI, page 232.
(2) *Idem*, p. 231.
(3) *Idem*, pp. 232, 233.

Lionne, receveur général de la province. Le 27 octobre 1576, Montluc leur répondit par l'ordonnance suivante :

« Après avoir veu le renvoy de la Court et consentement des gens du Roy et avoir esté dument et à plain informez que la ville de Loriol a esté occupée par les ennemis, et que, despuis qu'ils en sortirent, les reistres du Roy y firent séjour de 4 mois, qui ont buslé tout le dedans des maisons et que ceulx de Livron, qui leur sont sur la porte, les ont tenus enfermez, si bien qu'il n'y a homme qui peult sortir qu'il ne fust incontinent prins, qui a esté cause que les terres sont demeurées hermes et désertes et qu'il n'y a encores aujourd'huy un seul arpant de terre cultivé et mis en labouraige, avons déclaré et déclarons que l'imposition, quand ledit villaige seroit aussi riche qu'il y a vingt ans, estoit trop excessive. Les habitans de Loriol joiront de la grâce portée par l'édict de pacification, art. 48. Inhibons et deffendons au sieur Lyonne, trésorier du pays, et à tous autres qu'il appartiendra de ne les contraindre audict paiement sur la peine du quatruple et autres peynes portées contre les infracteurs de l'édict de paciffication » (1).

Il existe encore plusieurs requêtes imprimées au maréchal de Créqui et aux trésoriers généraux pour obtenir le remboursement par les communes données en aide des vivres fournis à cinq compagnies du régiment de La Tour (1629) et à quinze compagnies du régiment du comte de Sault (1631), s'élevant ensemble à 29.136 livres (2).

Vers le même temps, une épidémie se déclarait à Loriol. Elle avait commencé à La Côte-Saint-André, Lyon et autres lieux. Les notables habitants réunis firent garder les portes et exigèrent des passants des billets de santé. Au mois d'avril 1629, Livron se trouvant frappé, on fit surveiller le passage de la Drôme et visiter les cadavres des défunts par des médecins et chirurgiens. Le 15 juin, le mal était reconnu à Loriol, chez le fils de David Rey, lequel fut consigné chez lui et mourut avec d'autres personnes de la maison. Rey, sa femme et ses voisins se réfugient alors à la grange de La Roche ; l'effroi est général, et le lendemain, les principales familles vont à la campagne habiter des huttes isolées. Un capitaine de santé, établi aussitôt, empêche toutes communications avec les suspects et assure l'ordre au four et au moulin. D'Arnoux, châtelain, ayant fui, les notables pourvoient à tout et

(1) Drôme. E, Communes, supplément.

(2) *Idem*.

s'assemblent tous les jours. Comme dans la maison Sautel, la femme et cinq ou six enfants meurent soudain, les commis de la santé la font évacuer et envoient les habitants à Saint-Pierre, dans des huttes et cabanes.

Il y a bientôt, dans ce quartier fort sain et où Aimar du Rivail, cent ans auparavant, signalait une fontaine abondante, renommée pour la guérison des fièvres, jusqu'à près de cinq cents personnes alimentées par les soins des commis de la santé. Le fléau n'y fit aucune victime, alors qu'en ville, malgré le zèle et le dévouement des hommes de cœur demeurés à leur poste, il y eut huit cent cinquante décès. Après le mois d'avril 1630, les maisons ayant été purifiées, chacun revint s'y installer ; mais la peur du mal avait été si grande que les plus proches parents s'abandonnaient les uns les autres ; « on ne parlait, dit le secrétaire d'alors, « Dusserre, quand une personne était malade, que de lui faire « faire son testament et de l'enterrer... Il n'y avait plus de regrets ». Il semble pourtant que « ce chastiment auroit dû changer les « cœurs endurcis, et les esmouvoir à pitié ; mais bien que aupa- « ravant l'on fust esté affligé de la guerre, que la famine aiyt suivi « particulièrement en l'an 1631, où il y a heu extrême nécessité « de bled, l'on n'a guères recognu d'amendement ». Le secrétaire « ajoute que l'on « ne s'estudioit guères aux remèdes dont on ne « vit guères les effets », et que le plus certain fut la fuite. On traduisait la consultation par *cito, longe, tarde*, prompte fuite, retour tardif et grand éloignement.

Il resterait à parler des guerres ; mais le voisinage de Livron permettra d'aborder ce sujet dans la notice sur ce bourg voisin.

IV. — *Cultes, Ecole, Bienfaisance.*

Le *Dictionnaire topographique de la Drôme* place à Loriol un prieuré de l'ordre de Cluny, sécularisé dès le XIVe siècle et supprimé vers la fin du XVIe. L'église paroissiale dédiée à saint Romain, sans caractère architectural, a été remplacée par un édifice récent. Il y avait jadis un certain nombre de chapelles desservies par des recteurs spéciaux qui, réunis, prenaient le nom de prêtres collégiés. Elle fut détruite en partie vers 1562 et réparée en 1607, à l'aide de 1.100 livres fournies par le Chapitre pour rétablir le chœur et le sanctuaire, d'après un accord intervenu entre les catholiques et le Chapitre de Valence, en attendant la reconstruction de la nef. A cette occasion, les chanoines de Saint-Apollinaire ayant réclamé au parlement le concours de l'évêque furent déboutés et condamnés aux dépens de l'instance. Cependant le prélat levait dans la paroisse la dîme du vin, et le Chapitre celle des grains (1). D'après le Pouillé de l'Evêché de Valence, ou livre des revenus ecclésiastiques de 1729, dressé pour la perception des décimes dus au roi, la seigneurie rapportait au prélat 220 livres, celle de Mirmande 550 et celle de Cliousclat 290. En 1666, la dîme du vin, à la côte 30e, assurait à ses fermiers 35 charges de vin, et au curé, pour sa portion congrue ou traitement, 21 ; ses censes équivalaient à 36 sétiers de blé, dont 25 au curé ; de son côté, le Chapitre affermait, en 1721, sa portion des dîmes et droits seigneuriaux sur Loriol et Livron, 1.900 livres. D'après ce document, il avait été fondé, en 812, par l'empereur Charlemagne et doté avec une partie des biens de l'évêché (2).

M. E. Arnaud fait remonter à 1604 seulement la création de l'église réformée de Loriol ; on y trouve cependant un ministre appelé Buisson en 1564, au traitement de 332 florins par an.

Le 11 juillet 1630, le Conseil d'Etat défendit aux réformés de troubler le service religieux des catholiques par leur entrée dans l'église, de se servir de la cloche de ces derniers pour sonner le prêche, des chapelles du Saint-Sacrement, du Rosaire et de Saint-Roch, ainsi que du cimetière, sauf à eux d'en réclamer un, régla la composition du Conseil général et du Conseil particulier, décida que le premier consul et le recteur de l'hôpital seraient toujours choisis parmi les catholiques, que l'entretien du ministre et de l'instituteur serait à la charge des réformés, la 24e partie de la dîme réservée aux seuls catholiques, tout comme les rentes provenant de fondations ecclésiastiques (3).

Une ordonnance de l'intendant Talon, du 9 mars 1635, défendit au ministre Jean de La Faye d'exercer le culte à Cliousclat et dans les terres de l'évêché.

En 1661, le Parlement de Grenoble condamna au feu le livre de Jean de La Faye, intitulé *L'Antimoine à MM. de la Communion de Rome et de la ville de Crest*, l'auteur aux galères et l'imprimeur au bannissement pour cinq ans (4).

Enfin le 4 septembre 1684, Louis XIV ordonne la démolition du temple de Loriol et l'enlèvement de l'inscription en vers placée sur la porte du cimetière protestant, dans laquelle ceux de la religion étaient qualifiés « bons chrétiens » (5). Le temple actuel rebâti en 1805, se trouve sur l'emplacement de l'ancien.

---

(1) Drôme, Inventaire du Chapitre en deux gros volumes manuscrits. La dîme se partageait en trois parts : une pour les édifices du culte, une pour le clergé et la troisième pour les pauvres.

(2) Drôme, Evêché de Valence, série G et Livre blanc.

(3) Paroisse de Loriol.

(4) Isère, B. 2032.

(5) *Livre Blanc*, Evêché de Valence et *Inventaire*, VI, 257.

Il est fait mention en 1565 et en 1568, d'un maître d'école, sans indication de culte; deux ans plus tard, le loyer de la classe coûte 3 florins. André, en 1580, et Poix, en 1594, reçoivent du blé pour leurs gages; Falquet, en 1595, obtient 1 florin par mois; Vassal, en 1615, 24 livres pour trois mois; en 1691, il est voté 60 livres au maître qui se logera et instruira gratis dix pauvres. Cette somme est portée à 100, 120, et 150 les années suivantes.

L'hôpital ne paraît pas avoir eu une dotation suffisante; car, en 1641, il ne possédait qu'un « chalit monté, en pièces, et cinq couvertures grises ». L'union des biens de la Maladière, en 1666, n'augmenta guère ses ressources. A trois ans de date, le gardien se chargeait du transport des pauvres, malades ou estropiés, dans les localités voisines, à raison de 4 sols par personne.

Après cet exposé de l'organisation religieuse, un mot de l'organisation financière ne sera pas déplacé. Les tailles y étaient perçues à raison de huit feux deux tiers, s'élevaient à 8.229 livres, en 1783 : la capitation (cote personnelle), à 2.300, en 1769; les charges locales ou budget de 693 à 1.212, de 1781 à 1788. Le compte consulaire de 1784 accuse 11.807 livres en recettes et 11.886 en dépenses. Peu d'années après, en 1789, une certaine agitation régnait dans la ville, qui prenait fait et cause avec Grenoble contre le gouvernement royal. Le 29 juillet, la milice bourgeoise s'assembla et les communautés de Livron et de Cliousclat s'unirent à elle pour résister à une prétendue invasion de Piémontais; le pont de la Drôme fut gardé par une troupe nombreuse et les hauteurs de Livron se garnirent de grands gardes; les voyageurs durent montrer leurs passeports, et M. de La Tour, premier président et intendant de Provence, arrêté au passage, ne put continuer sa route que sur l'attestation élogieuse des consuls d'Aix (1).

Au Pouzin, un crime fut commis. M. d'Arbalestrier, officier de marine qui s'y était rendu pour calmer les esprits, y trouva la mort (2). Sa famille habitait non loin de la Drôme, le château de La Gardette et jouissait dans le pays d'un grand renom de bienfaisance, comme M. de Bouffier plus tard. Près de la ville, une autre habitation, perdue au sein des arbres, rappelle Barthélemy Faujas, géologue, qui découvrit la mine de fer de Lavoulte et organisa la fédération d'Etoile.

Un grand nombre de familles nobles ont possédé des biens à Loriol; en 1666, le duc de Ventadour (de Lavoulte); Jacques d'Arces, représentant Louis de Villette du Mey, et celui-ci

---

(1) Drôme, E, Communes, supplément et *Inventaire*, VI, 251.
(2) Mazon, *Voyage autour de Privas*.

Antoine d'Ancezune de Caderousse, mari de Louise de Falco ; Mary de Vex, successeur de François de Chabeuil, qui l'était de François Ducros, ayant-droit du seigneur de Rousset (des Alrics de Cornillan) ; vers 1450, Jean Charrière, Guillaume de Chabeuil, Bernard de Cliou et Faure Claron ; en 1450, les d'Urre, les Vieux, les de Vercors, les Cavalaron ; au XVIIIe siècle, les Baratier, Ripert, Bénéfice de Vaneil, Gardon de Gazavel, etc.

Parmi ces hommes remarquables figurent Guy Blancard, député du tiers-état à l'Assemblée Constituante ; Amable Guy, son fils, lieutenant général, qui se distingua dans les guerres de l'Empire, comme Jean-Charles-Marie Guy, son frère, et François-Antoine-Joseph Ollivier, député de la Drôme de 1805 à 1815 et de 1820 à 1823, avocat général à la Cour de Grenoble en 1811, et Conseiller à la Cour de cassation en 1815.

Population : en 1800, 3.330 habitants ; en 1839, 3.340 ; en 1883, 3.511 ; en 1911, 3.012 habitants ; en 1921, 3.062 habitants.

Contenance, 3.057 hectares ; en 1839, le revenu des propriétés était de 131.328 fr., et celu de ses 748 maisons de 36.638 fr.

Contributions de 1873 : art de l'Etat, 30.013 fr. 19 ; du département, 14.055 fr. 97 ; de la commune, 16.266 fr. 74 ; non valeurs, 1.333 fr. Total, 58.661 fr. 82.

Altitude : 108 mètres.

Distance : 21 kilomètres de Valence.

Production : blé, vin, fourrages, soie.

Livron

I. — *Le pont et le bac.*

La gare de ce nom, en pleine vallée du Rhône, est assez éloignée de la ville pour obliger le voyageur, désireux de la connaître, à prendre une voiture ou le chemin de fer des Alpes, qui se détache en cet endroit de la grande voie de Paris à Marseille. La ligne de Crest, Die et Briançon, ouverte le 2 septembre 1883, longe la Drôme jusqu'auprès de Beaurières, et sa première station se trouve au pied du rocher qui supporte le vieux Livron et domine le nouveau. Elle tient sa dénomination du pont jeté sur la rivière par l'habile ingénieur Bouchet, de 1766 à 1789, véritable trait d'union entre le Nord et le Midi. Pareille œuvre d'art mérite un coup d'œil attentif, car elle est remarquable par sa hauteur, sa décoration, la beauté des matériaux employés et par ses abords et levées « qui forment un vaste entonnoir au cours de la rivière ». Elle ne coûta pas moins d'un million et demi, avec ses trois arches, dont celle du milieu mesure 27 m. 28 d'ouverture, et celles des extrémités 25 m. 48.

Guettard attribue ce beau travail à l'ingénieur Paulmier de La Tour, alors que le devis imprimé porte la signature de Bouchet, que la première et la seconde adjudication à Lemoine, des 10 novembre 1766 et 10 janvier 1783, et le certificat préalable à la réception définitive, du 28 novembre 1789, émanent du même ingénieur, chef des turcies et levées de la généralité d'Orléans, à la dernière date (1).

L'*Album du Dauphiné* a donné, en 1839, une vue de ce pont, toujours heureusement debout, et d'une partie du vieux Livron. On sait, de plus, que le 2 avril 1815, les gardes nationales du département y livrèrent un combat sanglant à l'armée royale venant du Midi.

Un souvenir est dû aussi à un autre pont construit de 1511 à 1513, avec le secours des villes voisines et à l'aide du produit des indulgences accordées aux bienfaiteurs de l'œuvre, par l'évêque de Maguelonne, le 26 septembre 1512, par les archevêques de Narbonne, d'Aix et de Vienne, les 12 octobre et 13 novembre, même année, et 31 janvier 1514, par l'évêque de Viviers, le 14 avril 1513, et par les vicaires généraux de Valence, le 23 août suivant.

Des comptes de Turc et de Corbières accusent 164 florins de recettes, sans détails, et 165 de dépenses, dont 42 pour le charroi des pierres prises à Montmeyran, pour la chaux et les bois et pour le salaire des ouvriers.

Quelque défaut de construction ou une crue formidable de la Drôme, qui recueille toutes les eaux du Diois, sur une longueur de 101 kilomètres, emporta cette construction, bien peu d'années après, témoin la création d'un bac en cet endroit pour le passage des voyageurs, de 1521 à 1554. Une autre preuve en résulte d'un compte de Jean Rabot, envoyé à Montpellier, à la dernière date, pour solliciter des secours aux Etats du Languedoc, en vue du rétablissement du pont ruiné. Ce document permet de constater, en passant, la différence des prix de voyage au milieu du XVIe siècle avec ceux de notre époque. Du 21 au 29 septembre, en effet, le député de Livron accuse seulement une dépense de 4 florins, 4 sols, à raison de 5 sols par jour, de 20 sols pour le louage d'un cheval, de 6 sols pour un dîner à Lunel et de 7 sols pour un souper à Nîmes.

La même année, Leclerc allant à la Cour, à la place d'André de Corbières, recevait l'ordre de solliciter la permission du roi pour le rétablissement du passage de la Drôme, et Ceynet recommandait l'œuvre aux Etats du Dauphiné.

---

(1) *Statistique de la Drôme*, pp. 255 et 523 et Archives de la Drôme, C. 248. — Guettard, *Minéralogie du Dauphiné*.

Il y eut des enquêtes à ce sujet, en 1556, sur l'emplacement du nouveau pont ; mais le manque de ressources et, bientôt après, les guerres dites de religion ajournèrent la réalisation de cet utile projet jusqu'à la fin du XVIIIe siècle (1).

On a cru à l'existence antérieure d'un autre pont, que les lettres du cardinal archevêque de Narbonne semblent confirmer, et M. l'abbé Vincent en fixe même la ruine à l'année 1316. Toutefois, un arrêt du Conseil d'Etat du 28 février 1745, maintenant l'évêque de Valence en possession du bac de Livron, démontre que des preuves positives du fait manquaient déjà à cette date. Le document se borne en effet à signaler des baux de ferme du bac, à partir de 1374 jusqu'à 1497, et de 1521 à 1684.

Ce même arrêt fixait ainsi les droits à percevoir, avec défense de les dépasser, 1 sol par piéton, 2 par cavalier ou par bête de somme chargée ou non, le conducteur compris, 2 sols et demi par chaise ou voiture à un cheval, 3 sols par litière, chaise, carrosse, coche, charrette ou charriot à 2 chevaux, bœufs ou mulets, avec augmentation d'un sol par cheval de plus, les domestiques, conducteurs et marchandises ne payant rien, et enfin de 3 à 6 deniers par tête de bétail. Le produit de ces droits devait servir au paiement du personnel, à l'entretien du bateau, de la traille, des chemins et abords.

En 1763, l'Intendant du Dauphiné obligea le fermier à se munir d'un bac pontonné pour le passage des carrosses, berlines, voitures et charrettes, forcées, en temps de crue, à aller à Crest traverser la rivière.

Malgré cette mesure, il survint, le 7 janvier 1764, un accident qui faillit coûter la vie au courrier de France ; le câble du bac s'étant rompu, sa voiture tomba dans la rivière, et, au témoignage de Paulmier de La Tour, on ne sauva le tout qu'avec beaucoup de dangers et de peine.

L'année suivante, le même ingénieur raconte qu'en voulant sortir une charrette du bateau, celui-ci s'enfonça « et tira à lui le chargeoir ». Ordre fut donné aux deux hommes restés dedans de couper la traille; mais comme « ils avoient perdu la tête et que tout « le monde crioit, il n'en firent rien. Heureusement pour eux et « pour trois mulets, la traille cassa, et le bac, qui alloit être ren- « versé totalement, se mit entre deux eaux et dériva à 1.000 pas « environ, où il fut jeté sur le gravier, L'eau l'emporta, la nuit « suivante, et on en a trouvé que quelques débris ».

Ceci se passait le 12 décembre ; comme le lendemain, les voitures s'étaient accumulées sur les deux bords de la rivière, au

(1) Archives de la Drôme, E, 3568.

nombre de plus de quatre-vingts, et que les cabarets ne pouvaient plus les recevoir, les voituriers, exaspérés « de manger leur bien, « tentèrent de passer la Drôme ; quelques-uns le firent heureuse- « ment ; mais, vers 3 heures, quatre voituriers de Tarascon ayant « voulu les imiter, attelèrent jusqu'à treize chevaux à une char- « rette qui passa très bien ; une deuxième versa dans la rivière et « tous les voituriers et gabouillons coururent au limonier qui se « noyait. En ce moment, tout les autres mulets tombèrent et fu- « rent emportés ; il y en eut huit de noyés et la marchandise con- « sidérablement endommagée. Cette perte dépassant 4000 livres « ruina ces malheureux, un desquels a failli périr, ayant été em- « porté à plus de 1.500 pas (1) ».

De pareilles scènes se renouvelèrent, évidemment, à plusieurs reprises, et l'Etat se résolut enfin à les prévenir en construisant le pont Bouchet, comme la reconnaissance public devrait l'appeler.

Près de là apparaissent le beau vignoble créé par MM. Morin-Latour en vue de combattre le phylloxéra au moyen d'irrigations hivernales, et l'élégante demeure de M. Combier, avec ses filatures de cocons et moulinage de la soie.

Maintenant, gravissons le coteau pour aller étudier de près le bourg ancien et descendre ensuite dans le nouveau.

II. — *Les origines.*

Le vieux bourg, appelé Livron en 1113, *castrum Liberonis* en 1157, de *Liurone* en 1189, et *Livro* en 1233, assis presque au sommet d'une colline rocheuse, passe aux yeux de quelques personnes pour un *oppidum* gaulois. Aimar du Rivail a même cru y retrouver l'ancienne *Aeria* de Strabon, ainsi nommée de sa haute position (2). En l'absence de preuves, cette double opinion ne sera ni acceptée, ni contredite, et la même prudence accueillera les étymologies. Bullet, dans ses *Mémoires sur la langue celtique*, ouvrage plein d'érudition, selon Brunet, « mais basé sur un système fort contesté », dérive Livron de *li*, eau, et de *bron*, rocher : d'autres de Liber (ou Bacchus), dieu des vendanges ; au témoignage de M. Long, les beaux esprits de la Réforme publiaient que *Libero* annonçait la liberté et le triomphe de leur cause, et c'est peut-être dans cette croyance que, lors de la délimitation de cette commune avec celle d'Etoile, en 1594, les arbitres firent graver sur de grandes bornes « en pierre routte ou de taille » les armoi-

---

(1) Drôme, C, 279.
(2) *De Allobrogibus.*

ries des deux localités : une étoile pour l'une et un verrou pour l'autre (1). Comme un verrou, derrière une porte à l'intérieur, indique une prison volontaire, et à l'extérieur, une prison réelle, cet emblème paraît assez équivoque. Au surplus, le même nom se retrouve dans l'Hérault, dans le Tarn-et-Garonne et dans les Basses-Pyrénées, comme l'a fort bien indiqué M. de Coston, et cet auteur, cependant, n'est pas éloigné d'y reconnaître la demeure d'un homme libre.

Une dernière étymologie rappelée par M. l'abbé Vincent, *Libra Rhodani*, repose uniquement sur une tradition ardéchoise, nullement scientifique. Effectivement elle affirme que des bateliers ayant acheté du pain à des riverains du Rhône, en trouvèrent le poids si faible qu'ils s'écrièrent dans leur langue : Lieurou, Lieurou ! (petite livre) et que le nom resta au pays.

Malgré l'existence peu ancienne, d'énormes anneaux de fer, au pied du bourg, signalé par notre auteur, l'abordage des barques et bateaux du Rhône, en cet endroit, remonte à des époques trop reculées pour connaître la langue des bateliers d'alors (2).

Laissons donc les étymologies pour jouir du spectacle offert par la situation de Livron. De l'antique citadelle, écrit notre devancier, l'œil embrasse « une des vues les plus étonnantes par l'immensité « des lignes, la variété des détails et la singularité des accidents du « terrain ; de ce point élevé le regard saisit dans son ensemble, « dans la vallée du Rhône, une étendue de quinze à seize lieues ; « de l'autre, dans la vallée de la Drôme, un riche bassin qui se « prolonge jusqu'aux montagnes de Saillans (et même d'Aurel). « Richesse de végétation, villages perdus dans la verdure des bois « ou bâtis en amphithéâtre sur les noirs rochers de l'Ardèche, « plaines fécondes, vallées ombreuses, côteaux, montagnes abrup- « tes, tout se réunit pour former la perspective la plus propre à « satisfaire l'imagination et à reposer doucement l'esprit et le « cœur ».

Inutile d'ajouter que l'histoire a placé « cette bourgade parmi les villes qui se sont rendues célèbres dans les guerres de religion », à cause de la résistance de sa faible garnison, sans artillerie, à une armée bien pourvue et commandée par un maréchal de France (3).

Mais n'anticipons pas sur les événements.

Il est peu probable qu'un camp romain, transformé peu à peu en village et en bourg, ait existé sur l'emplacement de Livron ;

---

(1) Drôme, E. 3578.

(2) *Notice historique sur Livron*, Valence, 1853. — J. Ollivier, *Album du Dauphiné*, 4ᵉ année. — De Coston, *Etymologie des noms de lieux de la Drôme*.

(3) Long, *La Réforme et les guerres de religion en Dauphiné*.

l'absence ou la rareté d'eau aurait été un trop grand obstacle à l'alimentation de nombreux soldats. D'ailleurs, la découverte de médailles, de tombeaux et de fragments d'armes de diverses époques, prouvent simplement que là, comme à Loriol, il y eut des maisons plus ou moins opulentes le long de la voie d'Agrippa, et que les invasions barbares ont plusieurs fois traversé et ravagé le pays.

Depuis la chute du colosse romain jusqu'aux temps féodaux, l'histoire laisse le pas aux légendes. La plus connue nous a été transmise par l'anglais Gervais de Tilisbéry, maréchal du royaume d'Arles, sous l'empereur Othon IV (1208).

Voici la traduction partielle, en vers, qu'en a faite M. Cordellier de La Noue :

Chaque soir le beffroi qui sonne
Eteint le feu de nos cités ;
Dès lors notre garde frissonne
Et se promène à pas comptés.
Mais chaque matin quand l'aurore
A votre manoir qu'elle dore,
Annonce le lever du jour,
Nous nous trouvons (je ne sais comme),
Soldat, vassal ou gentilhomme
Portés au plus bas de la tour...

L'auteur des *Otia imperialia*, qui assure avoir été témoin du prodige, avait écrit : au pied du côteau, au lieu de la tour ; mais la différence est trop peu grande pour insister. Du reste, depuis lors, sans le secours des génies, s'opère l'émigration du vieux bourg dans le nouveau, à cause des facilités que ce changement de résidence procure aux laborieux cultivateurs de la plaine (1).

Comme Loriol et pour les mêmes causes, Livron devint terre épiscopale avant les concessions des empereurs d'Allemagne de 1157, 1201 et 1238, témoin de la retraite de 1141 dans le château du lieu de l'évêque de Valence, Jean II, que les partisans d'Eustache, son prédécesseur, avaient contraint de quitter la ville où il siégeait. On pourrait ajouter que la charte de 1157, en donnant le château, constate son existence antérieure.

La condition féodale des habitants ne différait pas de celle de Mirmande, Loriol et Cliousclat, déjà connue. La preuve en est fournie par une reconnaissance générale de 1666 à Daniel de Cosnac, énumérant les mêmes droits et devoirs, sauf pour les lan-

(1) *Album du Dauphiné.*

gues de bœufs tués dans le mandement, pour la banalité des moulins, pour le bois de Taillas de 186 setérées, pour les ramières ou oseraies, pour les péage, pont et pontonage exigés des personnes, marchandises, denrées, bateaux et radeaux traversant le mandement par terre ou sur la Drôme, et pour le ban champêtre autorisant l'évêque à interdire le pacage de tout bétail étranger

La *Statistique de la Drôme* mentionne une inscription lapidaire tout effacée, qui passait pour contenir les libertés locales ; la perte de ce document exige ainsi une analyse des actes anciens conservés, offrant quelque rapport avec elle.

Le plus ancien, de l'an 1248, déjà signalé à Loriol, accordait la libre circulation des personnes et des marchandises pour les deux localités. Une autre charte de 1273 concerne la possession en commun par Guillaume, évêque élu de Valence, et Roger d'Anduze, d'un territoire situé notamment entre le chemin du Périer et les terre et église de Massas : c'est une sentence arbitrale qui rappelle un accord antérieur entre l'évêque Falco (1187-1200), Adhémar de Peiteus (Aimar de Poitiers) et Robert, archevêque de Vienne (1173-1194).

On trouve, en 1292, un bail emphytéotique consenti à des habitants de Livron par Jean de Genève, de sa condamine de Fyairoles, contiguë à la voie angélique et à la terre de Saint-Ruf, de celles du Périer, des Prés, de Cervocol et des terres à Champves et Barbières vers Saint-Genis, moyennant des redevances en blé et en argent (1).

De semblables concessions antérieures ou postérieures formèrent les terriers ou livres des revenus épiscopaux, dont l'un, en 1666, accusait 350 emphytéotes soumis à des censes ou rentes s'élevant à 154 sétiers de blé, 88 charges de vin, 150 poules, 344 tuiles, 1 livre de cire, 8 ras d'avoine et 2 sétiers d'orge.

La nécessité de fours publics pour l'alimentation des habitants engagea l'évêque Guillaume de Roussillon à leur céder ses fours, bâtiments et droits moyennant 36 livres de pension annuelle et, en 1324, ils en firent construire deux sur la place du Fournil, pareils à ceux qui étaient sous l'église.

D'autre part, ils ascensèrent, le 20 avril 1412, les moulins banarets, dits de la Sablière, qui furent possédés plus tard par Giraud de Bezanger, seigneur de Saint-Lager, et par Isaac de Chabrières, conseiller au Parlement de Grenoble.

Une autre concession épiscopale de l'an 1449 réduisit les frais d'actes notariés que la population trouvait excessifs, et décida que

(1) Drôme, E, 3566 et suivants.

les procédures seraient expédiées seulement à la demande des intéressés.

On ne trouve pas aux xive et xve siècles de preuves de l'existence d'une organisation municipale régulière ; mais, selon les nécessités du moment, les chefs de famille réunis nommaient un syndic ou procureur chargé de les défendre. C'est ainsi qu'en 1314 se règlent les limites de la communauté avec Allex, en 1323 avec Lavoulte, en 1444 avec Grane, le pacage à Domazane, sur Loriol, en 1297 ; que s'obtient de l'évêque, en 1422, la faculté de laisser les biens tenus de sa directe, en payant les arrérages de censes, et la décharge d'une pension pour impôts sur le poids du moulin, sur le vin et sur la boucherie dont ils ne veulent plus ; que s'aliène, en 1439, l'emplacement du moulin du pont de la Drôme ; que se termine avec Loriol une difficulté pour le pacage du bétail près de ce même pont, vers 1471, et pour la dérivation des eaux de la rivière vers Brezème, en 1504, et avec Lavoulte pour le paiement des tailles des fonds situés sur Livron en 1531 et 1532 (1).

Tout à côté de ces améliorations, des événements fâcheux viennent de temps à autre troubler la tranquillité du bourg. Vers 1144, ce sont les partisans de l'évêque Eustache qui tentent de s'emparer de son successeur, réfugié à Livron (2), en 1350, pendant la guerre acharnée du comte de Valentinois contre l'évêque Pierre de Châtelus ou Chalus, c'est le seigneur de Claveyson, partisan d'Aimar de Poitiers, qui vient à Livron, brûler, piller et tuer (3) ; en 1421, c'est le seigneur de Montoison qui arbore les panonceaux de l'empereur d'Allemagne et du duc de Savoie sur les terres épiscopales ; vers le même temps, c'est la présence, à Soyons, de bandes de soldats étrangers ; en 1425, enfin, c'est l'évêque Jean de Poitiers qui s'y réfugie et où bientôt Geoffroy le Meingre de Boucicaut, frère du maréchal et mari de la nièce du prélat, arrive à son tour, poursuivi par les Avignonnais, sous prétexte de créances. Ce personnage avait semé l'épouvante et la mort dans le Comtat, et vaincu et poursuivi par le gouverneur, s'était retranché dans Livron. Les vainqueurs ne tardent pas à l'y assiéger et à prendre la place. Bien plus, ils prétendent la garder et l'évêque doit recourir au pape pour obtenir justice (4).

---

(1) Drôme, E, 3566 et suivants.

(2) Chorier, *Histoire du Dauphiné*, II, 51.

(3) Chorier, II, 321 et Notice historique sur Livron.

(4) J. Chevalier, *Mémoires sur le Valentinois* et *Essai sur la ville et l'évêché de Die*.

Ces divers événements, toutefois, sont éclipsés par les exploits des chefs réformés, dont il nous reste à présenter les phases principales.

III. — *Faits militaires.*

Le siège de Livron étant l'un des plus grands événements des guerres religieuses du Dauphiné, au témoignage du savant éditeur des *Mémoires des frères Gay* (1), il importe d'en raconter les divers épisodes, après une rapide exploration de la ville. Une ceinture de remparts la protégeait et un formidable donjon placé au faîte du coteau dominait la vallée de la Drôme et la route de Marseille. On y entrait par quatre portes munies de barbacanes et de ponts-levis : la Fontaine, au nord ; la Barrière, au midi ; la Chenal et Ampéchi, à l'ouest ; une seule rue avec quelques ruelles latérales servait à la circulation, comme aujourd'hui ; quant au bourg nouveau, sa création date seulement du milieu du siècle dernier et de la restauration de la route, car, en 1658, il comptait seulement six maisons. Ainsi défendu par sa position naturelle, le vieux Livron était seulement abordable du côté nord et un peu au levant, où se voit encore une tour, sentinelle oubliée d'un autre âge.

Cette brève notice ne saurait comporter une étude sur les guerres soutenues au profit de la réforme par des Adrets, Montbrun et Lesdiguières ; il s'agit ici uniquement de deux villes et des faits militaires accomplis dans l'une et l'autre.

Une *Notice historique* publiée en 1853, recule jusqu'à l'année 1560 le pillage et l'incendie de la cure, des chapelles et de l'église de Saint-Prix de Livron, dont les restes imposants se voient encore près du cimetière (2). Il doit y avoir là une erreur de date, car le 2 février 1561, dans une assemblée des habitants, Louis de Corbières, ayant réclamé la liberté de conscience et l'église du lieu pour les dévotions et prédications des réformés, Rabot, châtelain, répondit que le roi avait défendu « asssemblées et presches dans « les villes closes, rues et places publiques, et qu'il ne permettrait « ni de délibérer sur ce point, ni de s'emparer d'aucun édifice du « culte, sans la permission du gouverneur de la province et du « vicaire de l'évêque ». Par conséquent, l'église existait encore ; mais il y avait déjà un ministre, proclamé « homme agréable et suffisant » dans une assemblée du 2 mai où son entretien aux frais de la commune fut proposé (3).

---

(1) *Mémoires des frères Gay de Die*, publiés et annotés par M. Jules Chevalier, Montbéliard, 1888.

(2) M. l'abbé Vincent.

(3) Archives de Livron analysées dans l'*Inventaire de la Drôme*, VI, 148-228.

A partir de 1562, les demandes de vivres et d'hommes armés se succèdent sans relâche ; Frey de Changy, gouverneur de Valence pour des Adrets, le 27 août de cette année-là, exige de Livron 150 setiers de blé, 30 charges d'avoine et 40 de vin, et le 20 septembre, « toutes les puyssances de gens de guerre et autres capa- « bles de porter armes, au melheur équipage que se pourra, pour « la tuytion de Valence, et ce, sur peine de confiscation de cors « et de biens (1) ». *L'Inventaire des archives de la Drôme* indique les autres levées et contributions.

La même année, les comptes consulaires mentionnent la mainmise sur tous les revenus du clergé, dîmes du chapitre et autres, et les délibérations parlent de la vente des pierres, arches et autres choses « estant dans l'église » (6 décembre 1562). D'où il résulterait que la ruine des édifices religieux daterait de cette époque, si, en 1563, pendant la trève amenée par l'édit d'Amboise, les habitants assemblés n'avaient offert au curé la restitution du temple et de ses clefs et main-forte et protection en cas de tumulte (2).

Charles IX, visitant le midi, vient, en 1564, coucher à Loriol, et Bertrand de Simiane, baron de Gordes, remplace Maugiron comme lieutenant général en Dauphiné.

Malgré la présence de la compagnie de Bourjac à Loriol et la résolution prise à Livron, le 26 octobre 1565, de garder la place jour et nuit, « pour éviter surprinses d'aucuns perturbateurs du « repos public courans sur le peuple », les années comprises entre 1565 et 1569 ne sont pas troublées extraordinairement. Toutefois, le 2 septembre 1568, sur un ordre de Gordes aux habitants de Livron de conserver leur ville en l'obéissance du roi et de n'y laisser entrer personne sans autorisation, ils lui répondirent que, sommés de loger des compagnies de soldats de la religion, ils ne pouvaient désobéir, n'étant pas de force à leur résister. Comme le lieutenant général recommande alors de démolir les portes et de faire des brèches, ils prient MM. de Montoison et de Chabrillan de les justifier en considération de la forte gendarmerie installée chez eux. On trouve encore, vers le même temps (octobre 1568), un autre ordre de Gordes au consul de faire dire la messe et de protéger le clergé catholique, et, le 30 janvier 1569, celui d'achever le démantèlement de leur lieu, commandé par de Vermont (3).

Au retour de l'expédition de Guyenne, en 1570, le prince de

---

(1) *Inventaire de la Drôme*, VI, E 9406 et suivants.

(2) *Ibid.*, VI, E 9406 et suivants.

(3) Inventaire précité. — D. Long, *La Réforme et les guerres de religion en Dauphiné*. — E. Arnaud, *Histoire des protestants du Dauphiné*. — L'abbé Vincent, *Notice historique sur Livron*.

Condé et Coligny s'emparent de Livron et de Loriol et le lieutenant général, descendu au Valentinois, s'efforce de barrer le passage du Rhône à Montbrun ; mais, comme sa troupe est trop faible, il se retire et abandonne Loriol au capitaine réformé, puis revient camper devant la place, s'en éloigne ensuite, et pendant les négociations d'une trêve avec Saint-Romain (Jean de Saint-Chamond), cherche à s'en emparer à l'aide d'un déguisement de ses plus résolus soldats en paysans et en femmes. Son stratagème ne réussit pas et il fait donner l'assaut sans plus de succès.

Une maladie contagieuse régnait cette année-là à Livron, témoin l'offre de la ville de Valence aux habitants, le 16 juillet 1570, de 60 hommes pour moissonner leurs blés. Il appartenait alors aux protestants ; mais ils rendirent Loriol et Grane l'année suivante, de sorte que la paix régna jusqu'à la Saint-Barthélemy (24 août 1572). Ce crime rallume la guerre ; Montbrun reprend Loriol, relève les fortifications de Livron, abattues par de Gordes, et proclame la liberté du commerce.

Charles IX meurt le 20 mai 1574 et Henri III, son successeur, rassemble à Lyon une armée sous les ordres du duc de Montpensier, dauphin d'Auvergne. Elle descend le Rhône et assiège le Pouzin, d'où Rochegude et Pierregourde la forcent à s'éloigner (1), Pour réparer cet échec, le duc emporte d'assaut le village d'Allex et laisse piller celui d'Aouste, avant de se diriger sur Livron, dont, sur les ordres de Montbrun, Mirabel avait à la hâte relevé les remparts. Philibert de Roysses ou de Roesse, originaire des environs de Crest, y commandait. Le duc fait battre la place par 600 coups de canon et, malgré une brèche suffisante lève le siège deux jours après et sort de la province (2).

Roger de Saint-Lary de Bellegarde, maréchal de France depuis deux mois, surnommé par Brantôme « le torrent de la fortune », remplace le duc de Montpensier à la tête de l'armée royale, forte de 7 à 8.000 hommes avec 16 ou 20 pièces de canons. De Roesses, de son côté, disposait seulement de 400 combattants et d'un seul fauconneau. Le 21 décembre et jours suivants, de Bellegarde et de Gordes prennent leurs positions et, le 24, ouvrent le feu. Le lendemain, jour de Noël, l'artillerie tonne toute la journée et, le 26, un assaut général est prescrit, après 2.500 coups de canon contre les murailles. Mais la vaillance des assiégés, presque à

---

(1) Eust. Piémont dit, au contraire, que la ville fut emportée et à moitié brûlée et démantelée et qu'on l'abandonna « comme chose vague et sans garnison ». Il fait ensuite prendre Loriol où les reîtres sont laissés pour courir la campagne. (*Mémoires*, p. 28).

(2) Mêmes ouvrages.

découvert, supplée à leur petit nombre et oblige les asssaillants à sonner la retraite. Dans cette journée périrent plusieurs vaillants hommes, et entre autres de Roesses, tué à la porte d'Ampéchi et enseveli, la nuit, dans la brèche même. De Laye qui le remplace tirait son nom d'un domaine sur Beaumont-lès-Valence, appartenant à une branche des Poitiers. Il avait vingt-trois ans et l'estime de ses compagnons d'armes : il se montra digne de leur choix. Les historiens ajoutent que les assiégés furent admirablement secondés par la population ; femmes, enfants, lançaient des pierres sur l'armée royale, et le fossé voisin des remparts se trouva rempli de morts.

Les trois jours suivants, l'artillerie ouvrait trois brèches, bientôt réunies en une seule, sans plus de succès qu'auparavant. De Bellegarde fit alors ranger ses troupes en bataille devant la ville, sonner les trompettes, battre les tambours et tirer les arquebuses. Au combat qui suivit ce vacarme « eussiez vu, dit Thomas Gay, les gens tomber comme gresle, repoulcez à coups de picques, de pierres et autres armes ». Les assiégeants furent contraints de cesser le feu vers le soir ; mais ils le rouvrirent jusqu'au 7 janvier, pour empêcher la réparation des brèches. De Bellegarde et de Gordes recourent alors aux mines, vers la porte de la Fontaine, sans plus de bonheur, car les habitants réussissent à les éventer. L'artillerie recommence ensuite et 500 coups de canons battent les portes de la Barrière, d'Ampéchi et de la Fontaine. Le 8 janvier, le combat dure de midi à cinq heures du soir, avec plus de fureur que jamais, et la garnison résiste toujours ; en vain les mines ouvrent les murs aux assaillants, ils sont contraints de se retirer avec de grandes pertes.

Montbrun, établi à Loriol et dans les environs, encourageait la résistance des assiégés par l'envoi de vivres et de poudre. Lesdiguières, d'autres disent de Villedieu, entra même dans la place avec 50 ou 120 hommes et en sortit sain et sauf.

Le 12 janvier, nouvelle canonnade et nouvel assaut aussi infructueux que le premier, et lorsque Henri III, venant d'Avignon, arriva au camp, la vue de tant de blessés et de malades l'affecta au point qu'il ordonna de réunir les soldats et de les tenir prêts à partir. Le siège, levé le 19, avait duré 30 jours et la place avait souffert 2 assauts et plus de 3.000 coups de canon qui avaient ouvert une brèche de 600 pas. En se retirant, l'armée royale détruisit le canal des moulins de Livron ; sa retraite fut accompagnée de moqueries et d'injures et souillée par des atrocités que les femmes exercèrent sur les blessés et sur les morts (1).

---

(1) *Mémoire des frères Gay* et ouvrages cités.

Les historiens ont relevé plusieurs traits de courage à la gloire des assiégés : ainsi, un manouvrier, logé dans les ruines de la tour de la Fontaine, tua impunément, à coups de pierres et d'arquebuse, plusieurs assaillants ; un jeune homme, qui avait eu le bras emporté, lançait encore des pierres avec l'autre main, et une vieille femme, assise sur le rempart, narguait l'armée royale pendant un assaut, en filant tranquillement sa quenouille.

Hélas ! tant de preuves de courage et tant de victimes de la guerre exercèrent bien peu d'influence sur les destinées de la province et sur celles de Livron et de Loriol ! La première de ces villes avait épuisé ses vivres ; elle réclama des secours aux Etats du Vivarais et les obtint (septembre 1575) ; à Lesdiguières, commandant en Dauphiné sous le prince de Condé, qui lui permit d'imposer un tribut sur le sel, les marchandises et le bétail de passage (11 octobre) et la déchargea des pensions, dîmes, censes, lods et revenus ecclésiastiques, ainsi que des tailles royales et subsides depuis le commencement de la guerre, pour l'indemniser de ses foules et dépenses et l'aider à se fortifier et à nourrir sa garnison (17 février 1576). De son côté, le lieutenant général, en Languedoc, l'autorisa à lever une contribution sur le sel et les marchandises devant Baix-sur-Baix, sur la riche gauche (1).

Il existe une délibération consulaire du 20 mars précédent qui accorde aux catholiques la crotte (voûte) de l'église de Saint-Prix, couverte avec le bois des guérites, pour la célébration de leur culte. La mort cruelle de Montbrun avait rendu Livron à leur cause. Toutefois, ce n'était pas encore la paix. Montluc, en effet, qui s'était montré favorable aux habitants de Loriol, le 28 octobre 1576, écrivait au consul de Livron, le 3 janvier de 1577 : « L'on m'a adverty de divers endroictz qu'avez ceste nuict prins « garnison estrangère, et parce que je ne peux croire légèrement « que vous, qui ne receustes oncques mal ne desplaisir de moy, « et Dieu me perde, si j'ay eu oncques volunté de vous en faire, « ayez commis une telle perfidie, attendu mesmement que m'aviez « promis dès hier soir de venir par devers moy pour adviser le « moien qui seroit possible de vous conserver en toute sureté ». Il ajoutait, en recommandant son messager, ce *post-scriptum* : « Vostre amy, si vous n'estes ennemys ; asseurez-vous que sy le « porteur a mal, ceulx qui seront de la religion en ceste ville, « n'auront pas de bien ».

La lettre eut pour conséquence de faire décider en assemblée générale que Livron serait gardé par ses habitants, que les brèches

(1) *Inventaire des archives de la Drôme*, t. VI.

seraient réparées et que les deux cultes vivraient unis « par foy et fidélité les uns ès aultres » (9 janvier 1577). D'autre part, comme Hector de Mirabel-Blacons se proposait de fortifier la place, le consul reçut l'ordre de ne pas y concourir (17 février). Cependant, le 1er mai suivant, ce colonel de l'infanterie protestante commandait la place (1), et de Gordes mourait à Montélimar, regretté de tous les partis, le 21 février 1578. Maugiron fut son successeur.

Par une ordonnance du 20 octobre 1579, Catherine de Médicis avait enjoint aux protestants d'observer les articles arrêtés à Nérac et d'évacuer les places fortes qu'ils occupaient, sauf Livron, Pontaix et autres. Une accalmie survint et l'insurrection de la Valloire ne s'étendit pas au Valentinois.

Le 22 novembre 1580, les habitants réclament au prince de Condé un soulagement mensuel de 100 livres, à cause des sièges soufferts par eux et notamment du dernier « qui leur a laissé seu« lement un bris de leurs murailles, leurs greniers vuides et leurs « terres en friche par l'espace de trois années entières ». Pour garder ces masures, ajoutent-ils, 8 corps de garde et 16 sentinelles sont nécessaires ; le séjour de l'armée au Valentinois leur a coûté plus de 5.000 livres, et de quatre jours un, ils travaillent aux réparations, rompant ainsi leur labourage. Le conseil de Die les exonère du paiement des bois et chandelles de la garnison, et les 26 décembre 1580 et 6 avril 1581, charge Desjacques et de Corbières d'assister au paiement des soldats et de veiller à l'observation du règlement qui obligeait les capitaines et gouverneurs de places à donner le rôle de leurs hommes au consistoire, et à renvoyer ceux de mauvaise vie (2).

Une lettre de Lesdiguières, du 9 janvier 1581, recommande à la population livronnaise de bien garder sa ville, ajoutant que pour lui, il y emploiera « jusques à sa propre vie ». Il demandait au roi, le 15 juin, l'échange de Serres et de Nyons contre Gap et Livron, et, le 19 août, écrivait à Servain qu'un partisan des catholiques avait failli surprendre la place, par trahison.

L'obstination de ce chef des protestants dauphinois engagea le roi à confier au duc de Mayenne une armée, pour le contraindre à rendre les places que plusieurs gentilshommes, désireux de la paix, offraient d'évacuer. Le duc prit La Mure et vint à Livron, qu'il fit démanteler, malgré l'opposition de Ségur et de Calignon.

---

(1) Un certificat du 29 octobre 1577, signé par lui, constate qu'il avait chargé Raphaël Semerie d'ouvrir, à Livron, un atelier monétaire (*Actes et correspondance de Lesdiguières*, I, 189).

(2) *Inventaire des Archives de la Drôme*, t. VI

Comme l'évêque de Valence, seigneur du lieu, pouvait reconstruire le château sur les ruines de l'ancien, Mayenne consentit à le laisser debout, moyennant la démolition de leurs murailles. Les habitants répondirent qu'ils voulaient être traités selon l'édit; ce qui fut pris pour un consentement (1). Le duc rétablit la messe et nomma de Bannes de La Bâtie commandant de la place, avec ordre d'avoir « l'œil, soing et reguard à ce que, suivant les lettres « de sauvegarde, il n'y fust faict aulcune incursion, moleste, « ravage ou prinse quelconque en leurs biens ne bestail (2) ».

Il n'est plus question de Livron jusqu'en 1585, époque où, pour des motifs que les historiens ne donnent pas, sauf M. l'abbé Vincent, qui attribue la mesure aux violences des troupes royales de la garnison, Maugiron chargea Antoine de Vocance « d'abattre et raser rez pied rez terre les murailles » de cette place que les protestants avaient relevées pendant leur séjour. Il lui donnait pour ce travail un certain nombre de communes en aide (19 avril) ; ce qui permit de le terminer rapidement. Des certificats du 15 juin constatent de plus que Vocance fournit trois cents journées d'ouvriers, à ses propres coûts et dépens, à François-Antoine de Clermont, pour les fortifications de Loriol « tout ouvert et esmantelé » depuis 1581, par ordre du duc de Mayenne (3). A trois ans de date, une lettre de Lesdiguières parle de fortifications au château de Livron faites par Corbières, et vient lui-même, le 2 septembre 1589, visiter la ville, rendue à son parti par le rappel de la garnison catholique. En 1593 et 1594, sur l'avis de du Poet que la place est menacée, on l'entoure de palissades, on renforce les gardes, on multiplie les rondes pendant la nuit et l'on comble les excavations voisines de la porte de la Chenal (4). Comme tout le monde était las des agitations précédentes, et que l'arrivée d'Henri IV au pouvoir faisait naître les plus belles espérances, des idées de paix et de conciliation préparèrent l'édit de Nantes, qui fut publié à Livron, une des douze places de sûreté accordées aux réformés, le 16 septembre 1599.

Une lettre de Lesdiguières au roi, du 3 janvier 1602, affirme qu'il y avait un seul catholique romain dans le lieu et que la messe y fut rétablie, à la seule considération de l'un des commissaires royaux (5). Cette affirmation paraît invraisemblable en présence de l'acquisition, par la commune, d'une cloche de 50 li-

(1) *Actes et correspondance de Lesdiguières.*
(2) *Inventaire de la Drôme*, E. 9581.
(3) *Bulletin de la Société d'archéologie de la Drôme*, t. XVII et XVIII.
(4) M. l'abbé Vincent, *Notice historique.*
(5) *Actes et correspondance de Lesdiguières.*

vres, destinée aux catholiques, et de réparations à la maison dite de Saint-Prix, affectée à leur culte, ayant coûté 15 écus, en 1599, et de l'achat, l'année suivante, d'une pierre de taille « escripte d'un costé » pour l'autel de Saint-Prix, en 1600 (1). D'autre part, un accord, du 16 juillet 1619, entre les habitants stipule que, lors de leurs processions, à l'heure du prêche, les catholiques ne se serviraient pas de clochette entre le puits Bernard et la ruelle des Sauvages (2). Les années suivantes, par suite du soulèvement du duc de Rohan, sur la rive droite du Rhône, les alertes et les préparatifs de guerre renaissent et obligent les consuls à confier la conservation de Livron à Louis de Corbières (1620), à le faire garder par 50 hommes et à le fortifier (1621). Or, pendant que l'armée de Louis XIII assiégeait Lavoulte et le Pouzin, des soldats du régiment de ses gardes franchissent le Rhône et sont massacrés par les habitants de Livron ; le roi donne aussitôt à Claude de Dorne et à Abel de Calignon l'ordre de faire raser et démolir les murailles de cette ville (16 décembre 1622) et envoie un exempt de ses gardes pour y commander. De Bannes de La Bâtie, son successeur, réclame, en 1623, une palissade autour du château, le fortifie et l'approvisionne en 1625 et 1626 (3). C'est vers ce temps que Loriol reparaît dans l'histoire. Pendant que Brizon, chef protestant, commandait au Pouzin et construisait le fort de la Poule, sur la rive droite du Rhône, de Chambillac fut envoyé à Loriol avec la compagnie de gendarmes de Lesdiguières, alors converti et connétable de France. Mais il garda mal la campagne, et Brizon, avec 5 ou 600 hommes, vint l'attaquer et le sommer de se rendre. Comme il refusait, un pétard fut placé à la porte de son logis et, en éclatant, tua l'imprévoyant capitaine. Le *Commentaire du soldat du Vivarais* dit qu'il ne fut pas tiré un seul coup de pistolet et que pas un seul cavalier ne put monter à cheval, tous ayant pris la fuite ou ayant été tués ou faits prisonniers.

Par suite de la continuation de la guerre en Vivarais, Livron est surchargé de logements militaires, et, en 1633, privé de son château que le roi fait démolir, avec sa citerne, par La Rochette et Simiane (4). En vain, l'évêque de Valence, son propriétaire, réclame-t-il une indemnité ; ses plaintes sont inutiles.

Ce fut, d'ailleurs, l'épilogue de ce long récit de sièges, de batailles, de trêves, de démolitions et de reconstructions d'ouvrages défensifs à Loriol et Livron.

---

(1) *Inventaire de la Drôme*, t. VI. — M. l'abbé Vincent, *Notice*.
(2) *Ibid.*
(3) *Inventaire de la Drôme.*
(4) *Inventaire* précité et *Procès-verbaux des assemblées du clergé.*

IV. — *Administration civile et religieuse.*

Jules Ollivier affirme que les évêques de Valence accordèrent, de bonne heure, à leurs vassaux de Livron, une charte de commune, et en 1304, des foires franches, privilège considérable alors, à cause de la difficulté des relations commerciales (1).

Ces documents ont disparu, et les comptes consulaires existants remontent seulement à 1418, alors que les plus anciennes délibérations ne dépassent pas 1531.

Il est donc permis de croire qu'antérieurement la gestion des affaires communales, alors peu compliquée, y était, comme ailleurs, confiée à des syndics, procureurs ou mandataires, élus en assemblée générale des chefs de famille. L'établissement des tailles annuelles ou impôt foncier, sous Charles VII et Louis XI, amena forcément les cadastres, les rôles, les receveurs et un contrôle, c'est-à-dire une légion de fonctionnaires royaux et municipaux.

On trouve, en 1567, une délibération du 12 janvier, relative à la création d'un conseil extraordinaire pour régir les affaires communales, avec 15 membres, outre les consuls et conseillers, 13 en 1571 et 12 l'année suivante. En ce temps-là, en effet, il était difficile de réunir les habitants pour délibérer. Montméan fut nommé consul, avec 5 conseillers, en 1562, par 65 électeurs ; Aspais, en 1566, par 62 ; Gojon, en 1572, par 81 (2). Une assemblée générale, en 1617, confia à 13 délégués la mission de dresser un règlement pour l'érection des conseillers et la comptabilité. Il y est stipulé que tous les conseillers seront élus librement, sans que les consuls puissent en nommer un de leur choix, comme par le passé ; que les comptes consulaires seront jugés par le consul sortant, le consul nouveau, le procureur des pauvres et deux auditeurs électifs, au lieu de 15 consuls ou conseillers.

Les autres clauses regardent le salaire des délégués et employés pour affaires communales, sans déplacement, fixé à 15 sols par jour et au double pour voyages à Valence ou dans les environs ; les archives qui seront fermées à double serrure et placées sous la garde des consul et secrétaire ; le choix d'un recteur ou comptable à l'hôpital, et les amendes encourues par ceux qui, après convocation, ne paraissaient pas aux assemblées (3).

Ces amendes, en 1625 et en 1635, ne dépassaient pas 3 sols et

---

(1) *Album du Dauphiné*, t. II.

(2) *Inventaire de la Drôme*.

(3) Drôme, E., supplément aux communes.

demi. A la dernière date, afin de prouver leurs bonnes intentions, les réformés acceptent pour conseiller, sans conséquence, le vi-châtelain qui est catholique et promettent de nommer alternativement un consul et trois conseillers de chaque culte. Il y avait, en 1749, un consul, trois conseillers anciens et trois nouveaux, et à cause des logements militaires, deux consuls, au XVIIIe siècle (1).

Après la révocation de l'édit de Nantes, un arrêt du Conseil d'Etat, du 7 septembre 1684, priva les protestants du droit d'être nommés : consuls, conseillers, secrétaires et même conducteurs de l'horloge communale. D'autre part, la vente des offices municipaux modifia peu à peu l'organisation municipale, sans que les documents conservés permettent de l'indiquer d'une façon précise. Il en est de même de la gestion financière des consuls, bien que l'*Inventaire* imprimé des *Archives de la Drôme* donne sur ce point une foule de détails, trop longs pour être énumérés ici. Il suffira d'y relever quelques renseignements généraux sur la situation économique de la commune aux deux siècles derniers.

En 1614, des lettres du roi aux gens des comptes de la province les invitent à décharger le lieu des quinze feux qui lui avaient été attribués en 1475, alors que « le territoire des environs estoit bon « et bien cultivé, la ville bien peuplée et les habitans en assés « bon estat, au moyen des commodités qu'ils tiroyent tant de « leurs héritages que du commerce que leur apportoyent les foires « et marchés, ensemble le pont construit sur la rivière de Drôme, « despuis lequel temps la ville auroit souffert des siéges avec tant « de rigueur qu'une bonne partie des habitans y furent tués et « tous leurs biens pillés, les murailles avec la plus grande partie « des maisons ruinées et abattues, les métairies, vignes et arbres « brulés ; bref le lieu a esté tellement désolé qu'il n'a peu despuis « se remettre, quoique les murailles soyent à présent relevées ». Un arrêt du 5 août 1616 réduisit leurs feux à 13 1/4 et une fraction.

Un état sommaire des biens de la noblesse et du clergé, en 1635, en donne 290 sétérées au duc de Ventadour, 28 aux hoirs de Blacons, 14 à Isaac d'Arbalestier, sieur de Beaufort, 8 à la dame du Puy-Saint-Martin, 181 à Isaac de Meissonier, sieur du Pont-les-Ollières, 469 à Louise du Peloux, 536 à Madeleine de Sicard de Cublèzes, veuve de M. d'Ancone, 131 à Claude de Bonniot, 27 à Jean Odde de Bonniot, sieur du Vernet, 615 à Aimar de Lancelin, 115 à Hélène de Châtelard, veuve de Nicolas de Corbières, 13 à Jean-Annibal Vieux, sieur de La Motte, 42 à

(1) *Inventaire* précité.

Antoine de Poterlat, sieur de Saint-Ange, 127 au curé, 15 au chapelain de Saint-Eustache, etc., soit en tout 2.635 ou un quart des fonds roturiers de la commune. Il est ajouté que pour subvenir aux frais de passages de troupes pendant les guerres civiles et après, elle a dû emprunter jusqu'à 48.744 livres, somme accrue encore par les procès et condamnations, par les dîmes et rente annuelle due au Chapitre de Valence, allant à 400 livres et par les censes et pensions levées au profit des religieux de Saint-Ruf et de Saint-Jean de Jérusalem, aux dames de Soyons, au prieur de Rompon et autres, s'élevant à la même somme.

Le nombre de feux, après la vérification « de la déchéance de Livron », est porté à 10 1/4 en 1661, à cause des ravages de la Drôme et de la grande quantité de fonds passés à la noblesse, sans parler des masures de la haute et basse ville.

L'année suivante, sur les 11.138 sétérées de la commune, la noblesse en possède 1.663 et la Drôme en a emporté 555 des fonds roturiers ; le château et les deux tiers des maisons sont abattus et la perte du marché du mardi a fait déchoir la commune des deux tiers (1).

Une visite du délégué de l'élection de Valence donne à Livron, en 1688, une population de 240 chefs de famille environ, soit 1.200 habitants, en multipliant par 5 chaque ménage, ou 960 par 4. Elle ajoute que le quart du territoire a été inondé, que les foins et les noix ont été perdus, et que, outre la seigneurie, il y a trois fiefs : les Petits-Robins, au duc de Ventadour, la Rolière, à Laurent de Lancelin, et la Sablière, à Claude Cartier (2).

Enfin, en 1734, le contrôleur ambulant de l'Election y constate 6.798 sétérées de fonds taillables, dont 6.798 en terres labourables, 60 en vignes, 80 en prés, 200 en marécages, 180 en bois, 1.200 en graviers, etc. Il y trouve aussi quelques arbres à fruits et quelques mûriers le long des chemins, des productions en céréales et aucun pâturage ; quelques fabriques de serges et ratines, chez cinq particuliers, fabriquant chacun en moyenne six pièces par an ; un moulin banal appartenant à M. de Rozans et un foulon à ratines ; un bac et un péage, propriété de l'évêque, seigneur du lieu.

La taille s'y élève à 7.092 livres, l'industrie ou dixième à 709, le ban-vin à 913 et les charges locales ou budget à 300, dont 10 à l'hôpital de Valence, 150 au maître d'école, 20 à la maîtresse, 40 au garde et 149 pour frais de péréquation ou répartition de l'impôt (3).

---

(1) *Inventaire de la Drôme.*
(2) Drôme, série E, communes, supplément.
(3) *Ibid.*, série E, communes, supplément.

Ces renseignements statistiques comparés à la situation actuelle exigent, ce semble, les chiffres de la contenance et du revenu constatés en 1839 et 1899 et des impôts de 1873 (1).

Contenance imposable : 1839, 3.604 hectares ; 1899, 3.952 avec les chemins et rivières.

Revenu des fonds et maisons : 1839, 194.616 fr., dont 194.616 pour les propriétés non bâties.

Contributions de 1873 : Part de l'Etat, 35.724 fr. 34 ; du département, 13.748 fr. 30 ; de la commune, 17.576 fr. 44 ; non-valeurs, 1.592 fr. 44 ; total, 68.642 fr. 02.

Population : 4.241 habitants en 1899 ; 3.457 en 1839 ; en 1911, 3.905 ; en 1921, 3.836.

De 1734 à 1790, on ne trouve à Livron qu'une amélioration de la route de Lyon à Marseille, vers le milieu du XVIIIe siècle (2), et un essai de culture du riz, au sujet duquel un rapport, conservé dans les archives de l'Ardèche, nous apprend que les miasmes des rizières avaient occasionné une contagion suivie d'une grande mortalité à Beauchastel, Lavoulte et Le Pouzin (de 1743 à 1746) (3).

Si les passages de troupes, presque continuels aux XVIe et XVIIe siècles, ont été passés sous silence, c'est que l'énumération en serait trop longue et fastidieuse ; rappelons seulement ici une requête de 1664 à l'intendant de la province, à l'occasion des vivres, argent, linge, vaisselle, etc., emportés par les soldats d'un régiment royal, où il est dit : « Pendant 48 ans, la population, outre « les tailles ordinaires, foules et logements, a souffert tant de vio- « lences que les troupes ennemies n'en auroient pas exercé davan- « tage. » On a vu à Loriol la preuve du fait.

Avant de terminer cette étude sur Livron, il convient de dire un mot de son organisation religieuse et charitable.

A la différence de bien d'autres paroisses, la sienne ne relevait d'aucune abbaye, sauf à Saint-Genis, prieuré dépendant de celle de Soyons. L'église de Saint-Prix obéissait au Chapitre de Valence qui la faisait desservir souvent par un de ses membres. Le style gothique de cet édifice concorde assez avec la date de sa consécration, qui eut lieu en 1493. Il y avait, avant 1562, une collégiale comprenant le curé, onze prêtres choriers (de chœur) et six clercs pour le service des fondations. Le curé possédait une maison, 36 sétérées de terre, 2 de pré et de 6 à 7 florins de censes ; les

---

(1) Mermoz, *Nouveau projet de répartition de la contribution foncière* (dans la Drôme) et *Annuaire officiel.*

(2) Drôme, C.

(3) *Inventaire de la Drôme*, C. *Inventaire de l'Ardèche*, C. 352, p. 141.

choriers jouissaient de 144 sétérées de terre et de 60 florins de revenus. En 1571, le curé et deux collégiés affermaient leurs revenus, 50 sétiers de blé et 80 livres en argent ; en 1591, le curé-archiprêtre retirait 60 écus par an de son fermier, et en 1724, 1.500 livres. A cette époque, la dîme appartenait à l'évêque, à la cote 40e sur le vin, 32e sur le blé et le seigle, 32e sur l'orge et l'avoine, 24e sur le blé noir et lui rapportait 2.500 livres, avec ses autres droits, et pour une moitié au Chapitre de Saint-Apollinaire, qui en retirait 2.200 livres avec la dîme et les redevances foncières de Loriol. Quatre chapelains recevaient ensemble 104 livres (1).

L'église actuelle, dont le clocher semble, à M. l'abbé Vincent, reposer sur un édifice religieux ancien, a été érigée en succursale en 1807 et en cure de première classe en 1857.

Quant aux réformés, déjà nombreux en 1561, ils se plaignaient, en 1633, de l'occupation de leur temple par les catholiques, et ne pouvant l'obtenir, ils en construisirent un autre. Des commissaires, en 1664, y maintinrent l'exercice de leur culte provisoirement, et il continua jusqu'à la révocation de l'édit de Nantes. Un arrêt du Conseil d'Etat du 7 septembre 1684 le rétablit dans l'ancien temple et ordonna la démolition du nouveau (2).

Les écoles sont mentionnées souvent dans l'*Inventaire* imprimé et la plus ancienne remonte à 1544 (3).

Dès 1406, il existe à Livron une *charité* transformée en hôpital. A cette date, Melheire lui donnait 80 sétérées de terre et 100 florins pour marier des filles pauvres ; en 1470, Griffon affectait à l'aumône du vendredi saint les revenus de deux terres et, en 1574, noble Louis de Silve, seigneur de Fiancey, en léguait deux autres à l'hôpital.

Les revenus de cet établissement ne dépassaient guère 80 livres ; ils furent unis avec ceux de la Maladière aux hôpitaux de Valence, vers la fin du XVIIe siècle, et les indigents de la paroisse gardèrent seulement la 24e partie de la dîme, égale à 8 sétiers de grains.

Il y a eu des maladies contagieuses à Livron en 1565, 1598, 1630, 1640, 1721 et 1855, qui firent de nombreuses victimes.

Disons un mot de ses illustrations en finissant ; elles sont presque toutes militaires, sauf Guillaume de Livron, archevêque de Vienne de 1283 à 1305, dont la famille, en 1334, habitait Chabeuil, après avoir, sans doute, possédé quelque fief dans le lieu dont elle prit le nom.

---

(1) *Inventaire de la Drôme* et série E, supplément aux communes.
(2) *Inventaire de la Drôme* et notes manuscrites de M. Rochas.
(3) *Inventaire*, t. III, 193 et suiv.

Les Corbières de la Tour se distinguèrent dans les armes ; Nicolas et Louis furent anoblis par Charles IX, en 1564, et par Henri IV, en 1596 ; Louis traduisit la *Chiromancie* de Tybertus en 1583 et l'un de ses parents, des mêmes nom et prénom, devint maréchal de bataille des armées du roi vers 1652.

Il se rattachait à l'ancienne maison des Corbières, noble depuis plus de 400 ans, et, malgré cela, il fut soumis aux tailles, sauf pour les biens de sa mère, en 1660.

Jacques de Lancelin, sieur de La Rolière, anobli en 1607 pour sa valeur dans les guerres, avait un oncle anobli en 1591. Comme les Corbières, les membres de cette famille furent châtelains de Livron et paraissent souvent dans ses annales. Pour les Cartier de la Sablière, nous rappellerons que l'un d'eux acquit, en 1788, les droits honorifiques de l'évêque de Valence dans la seigneurie et que Jean-Jacques de Chevalier d'Istras de Sinard, d'une très ancienne maison du Trièves, par son mariage avec Mlle Cartier et ensuite avec Mlle Olympe de Bouffier, a transmis son habitation pittoresque à M. Amédée de Bouffier, bibliophile distingué, dont la bienfaisance est connue.

Il y eut à Livron, en 1484, une représentation de mystère et, au commencement du XVIIe siècle, des controverses religieuses imprimées entre le ministre Vinay et le jésuite Coyssard, et entre le curé Fallot et le ministre Alexis.

En forme de conclusion, après avoir rappelé que, d'après un ancien, l'histoire est l'école de la vie, on peut affirmer que celle de Livron, écrite par ses consuls dans leurs délibérations et leurs comptes, sans passion, sans idée de panégyrique ou de réquisitoire, nous montre par les faits les maux inhérents aux divisions entre compatriotes et à la guerre civile et qu'elle répond ainsi à la définition de son rôle.

Maintenant, éloignons-nous de cette commune où l'intelligence et l'activité des habitants, grâce à la fécondité du sol, lui permettront de réparer la faute commise en laissant créer une gare importante loin de leurs maisons.

Ambonil

Cette petite commune de 119 hectares d'étendue et de 89 habitants, offre, sans contredit, un des plus jolis sites de la Drôme. Placée entre Étoile et Livron, au pied des collines élevées qui portent ces deux petites villes, elle forme un véritable cirque avec des échappées à l'Est et au Sud-Est. Des prairies largement arrosées occupent le fond du val, dont le vert foncé s'harmonise agréablement avec les couleurs changeantes de ses versants cultivés. Les quelques maisons du hameau principal, assez mal alignées d'ailleurs, servent de point de réunion aux habitants des fermes éparses. Là, point de ruines, point d'industrie, ni de commerce spécial ; de paisibles cultivateurs y coulent depuis des siècles une existence calme et laborieuse.

Comme il existait sur la voie romaine dite d'Agrippa un relai appelé *Umbenno*, l'historien de cette voie nous fournit les renseignements suivants : « La distance de *Valentia* à *Acunum* « étant de 30 milles ou 44.445 mètres, distance exacte... celle « d'*Umbenno* à *Batianis* doit être réduite de 12 à 9 milles. Le « milliaire de La Paillasse indique que la station d'*Umbenno* se « trouvait à 3 milles plus bas, et, d'après le tracé de la voie « d'Agrippa et ses souvenirs, il faut emplacer *Umbenno* aux Bat- « tendons ou vers les Battendons, distance exacte de Valence. Je « ne dis pas qu'*Umbenno* et les Battendons soient la même loca- « lité ; la station devait être dans cette direction... J'ajoute que la « plaine des Battendons est un lieu où l'on rencontre des anti- « quités romaines (1). Quelques auteurs, séduits par une simili- « tude (?) de noms entre *Umbenno* et Ambonil, ont identifié ces « deux lòcalités. La voie n'a jamais pu ni dû passer à Ambonil, « qui est à une grande distance de son parcours, il suffit de voir « les lieux ».

Ainsi s'exprime le savant archéologue, ravi à la science par une mort prématurée ; et il n'insiste pas sur l'erreur évidente des géographes qui ont confondu *Batianis* avec Baix et *Umbenno* avec Beauchastel, sur la rive droite du Rhône (2).

De son côté, M. de Coston, ne trouvant dans les langues anciennes qu'*Ambu*, *Ambas* et *Ambonidi*, amas d'eau, n'ose se prononcer sur l'étymologie de la villa *Dambonil*, en 1239, d'*Ambonilicium* et d'*Amboniculum*, en 1485, *Dambony*, en 1576, et d'*Embonil* sur la carte de Cassini. MM. Manier et Chotin y voient un diminutif de *Bona*, maison bourgade, en celtique *bonn*, combiné avec l'article breton *an*, le, d'où l'on arrive aux mots « la côte ou le mont (3) ».

Comme on trouve à la fois de l'eau en abondance et des collines à Ambonil, le lecteur choisira.

Quant à la découverte de tombeaux et d'antiquités en ce lieu,

---

(1) La Paillasse, sur Étoile, n'est pas éloignée de la gare actuelle du chemin de fer de Paris à Marseille ; les Battendons se trouvent sur Livron.

(2) *La voie d'Agrippa de Lugdunum au rivage massaliote* (broch. in-8°, 23 p.), par M. Florian Vallentin.

(3) De Coston, *Étymologies des noms de lieux de la Drôme*, pp. 143 et 253.

elle prouverait simplement l'existence d'une *villa* ou grosse exploitation rurale.

A la naissance de la féodalité, les comtes de Valentinois englobèrent Ambonil dans leurs vastes possessions et Adhémar ou Aimaret de Poitiers, l'un d'eux, échangea quelques fiefs avec Arman et Pierre du Pouzin, père et fils, en 1201, 1230 ou 1239, le parchemin de l'acte, préparé à la Révolution pour servir de gargousse d'artillerie, ayant perdu sa date, sinon sa parfaite authenticité. Le comte recevait la moitié du château du Pouzin et divers fiefs en Vivarais, et donnait en échange les château et terre de Montoison, le fief et les droits d'Ambonil et, en particulier, une redevance pour droit de gîte ou *albercum*, le château de Vibie et son mandement, trois condamines à Etoile et une rente de 26 livres sur son péage. Guy Allard cite un hommage aux Poitiers, en 1245, par Guigues de Montoison ; ce qui semblerait indiquer de sa part un changement de nom, selon l'usage assez fréquent adopté alors (1). On sait peu de chose sur la famille du seigneur Guigues, sinon qu'Isabelle, fille de Guillaume, épousa Geoffroy II de Clermont, d'une ancienne et puissante maison dauphinoise. Parmi ses nombreuses illustrations figure en bonne place le brave Philibert, capitaine de 50 hommes d'armes et lieutenant général en l'armée du roi Louis XII, à Ferrare, où il mourut en 1512. « Son « corps, dit Videl, fut porté en Dauphiné et inhumé dans l'église de « Montoison. Le roy fut si touché de sa mort qu'on ne le veid « point de tout le jour que la nouvelle luy en fut donnée. Il dit « qu'il avoit perdu le meilleur de ses capitaines et appréhenda « que sa perte ne donnat sujet aux Milanois de se révolter. On re« marque de luy qu'il ne se mécontoit point de juger de loin du « nombre des ennemis. Les Florentins l'avoient demandé au Roy « pour commander leurs troupes, offrant de donner en sa place « trois cents hommes d'armes. C'est à luy qu'on rapporte le cry « de guerre *à la rescousse Montoison*, qui est écrit en lettres d'or « dans la basse-cour du chasteau de Montoison », comme souvenir de la valeur qu'il déploya à la bataille de Fornoue (2).

Par suite d'une fondation de ses successeurs, d'un accord ou d'une vente, Ambonil échut aux prieurs d'Allex dans le courant du XVIe siècle.

Or, une bulle du pape Grégoire XIII, du 5 août 1576, ayant permis au roi de France de lever une grosse somme d'argent sur les

---

(1) Drôme, E. 605.

(2) *Histoire du chevalier Bayard* avec les *Annotations* de Godefroy, Grenoble, 1651, p. 51 des *Annotations*.

biens du clergé pour résister par les armes aux ennemis de l'Eglise, le prieur d'Allex, pour se libérer, vendit, le 3 février 1577, la seigneurie d'Ambonil à Laurent de Guilhaumont. Elle comprenait « la jurisdiction haute, moyenne et basse, mère, mixte, impère, « les hommes juriditiables et aultres droictz et revenus », et le prix s'éleva à 210 écus. Peu de temps après, une nouvelle adjudication (24 décembre 1591) en faveur d'Aimar de Poitiers, seigneur du Passage, lui porta cette terre ; mais il la céda au premier acquéreur, avec réserve en faveur du prieur d'une pension de 14 écus (1).

Les Guilhaumont ou Guilhomon, originaires du Velay, s'étant fixés dans le Comtat et la principauté d'Orange, trouvèrent bientôt Ambonil trop éloigné de leur résidence, car l'un d'eux, Guillaume, le 18 mars 1602, le vendit à Jacques de Lancelin, anobli par Henri IV en 1607. Les lettres du roi nous apprennent qu'il était archer des gardes du corps de S. M. et servait dès l'adolescence, « commençant avec le sieur du Passage pour la conserva-« tion de la citadelle de Valence, puis soubs le sieur de Praslain « durant la guerre de Savoie, où il se trouva aux prises et reddi-« tions de Chambéry, Charbonnières, fort Sainte-Catherine, « Montmélian et autres occasions, où il fit preuve de courage. « De plus, le sieur de La Rolière, son oncle (Nicolas de Lancelin), « ayant été anobli et privé par la mort du bénéfice de cette faveur, « il a hérité de ses biens et mérité de lui succéder dans le même « honneur, en payant une indemnité aux communes où se trou-« vent ses biens ».

Selon la remarque de M. de Coston, la taille était un impôt de répartition et chaque commune en devait une somme déterminée d'après le nombre de ses feux. Par conséquent, « lorsqu'un pro-« priétaire était anobli, le montant de la taille était réparti sur les « autres habitants ». De là l'explication de la résistance, non pas à l'anoblissement lui-même, mais au privilège créé par lui. Le parlement, avant d'enregistrer les lettres du roi, prescrivait une enquête et exigeait le paiement préalable de l'indemnité, réglée par les commissaires enquêteurs. Cette indemnité devait être affectée à l'achat de terres ou de revenus suffisants pour acquitter les tailles. Elle monta pour les Lancelin à 1 440 livres (2).

Un document de 1649 nous apprend que Charlotte de Guilhomon, veuve d'Aimar Lancelin, plaida contre les consuls de Li-

---

(1) Drôme, E. 1046 et G, Evêché de Valence.

(2) *Les Suffize de la Croix*, par M. de Coston, broch., et Drôme, E, supplément aux familles, et E. 1046.

vron, Loriol, etc., pour l'exemption des tailles des biens de Nicolas, anobli en 1591, dont Gabrielle de Saint-Ferréol, sa veuve, avait hérité ; que Jacques de Lancelin fit de même et que tous les deux gagnèrent leur procès. Scipion, fils d'Aimar, devint abbé de Cruas, et, à la tête de ses moines, obligea un capitaine du duc de Rohan, à lever le siège de son abbaye en 1628. Jean-Antoine, par la cession à l'évêque de Valence, en 1666, de ses droits seigneuriaux sur Montvendre, obtint du prélat l'érection en fief de sa maison forte de La Rolière sur Livron, près de la route d'Allex, où se voient encore des salles couvertes de blasons et de trophées d'armes, des avenues ombreuses et de belles pelouses, à côté de jardins et de bosquets (1). Toutefois, avant la création du vignoble où M. Blanc-Montbrun récoltait le Xérès français, le fief possédait de faibles revenus ; aussi un Lancelin rétrocéda-t-il Ambonil aux prieurs d'Allex qui le gardèrent jusqu'à la Révolution. A la qualification de seigneurs d'Ambonil, dès 1680, ils joignaient, en 1790, la possession de 18 sétérées d'un pré marécageux, près de l'ancienne église et du chemin d'Allex à Étoile, celle des dîmes et d'un terrier produisant 21 setiers de blé, 1 d'avoine, 2 quartes d'orge, 22 poules, 5 feuillettes de miel et 1 pot de vin (2).

Exposer la condition sociale et l'organisation municipale des habitants dans une commune privée d'archives serait une entreprise sans issue ; les expressions de justice haute, moyenne et basse de la vente de 1577 révèlent un juge, un procureur juridictionnel et un greffier, dont les appels allaient à la judicature des appellations de Valence. Un châtelain y représentait le seigneur et les affaires communales étaient gérées par un consul, un secrétaire et des péréquateurs ou répartiteurs. Ces renseignements résultent de deux chevauchées ou visites d'un délégué de l'élection de Valence, tribunal équivalant au Conseil de préfecture de nos jours ; l'une est du 2 septembre 1682 et l'autre du 12 août 1689. Les questions suivantes prouvent qu'il y avait alors un contrôle financier et qe l'administration veillait au bien-être des populations rurales :

1° A-t-il été exigé quelque somme en dehors des rôles ? Tous les habitants ont-ils été cotisés selon leurs biens ? — Réponse négative sur le premier point, affirmative sur le deuxième.

2° Les comptes consulaires ont-ils été rendus régulièrement ? — Il en reste 4 à rendre en 1682, et un seul en 1689.

---

(1) M. l'abbé Vincent, *Notice sur Livron*.

(2) Drôme, série des biens nationaux.

3° Quelle a été la récolte ? — Elle est moindre que la précédente pour les grains et assez bonne pour les premiers foins en 1682, et médiocre en tout en 1689.

4° Quelles sont les productions en fruits et en vin ; la grêle ou les inondations les ont-elles diminuées ? — Les fruits à noyau et la vendange, en 1682, rendront peu de chose ; les eaux pluviales, en 1689, ont ensablé les prés et raviné les terres. Le produit principal se tire de leurs prés marécageux.

5° Quel est le seigneur ? — Le prieur d'Allex, relevant du seigneur de Montoison ; il n'y a ni fiefs, ni arrière-fiefs.

6° Dans quel état sont les chemins ? – Les pluies de 1682 les ont un peu détériorés ; celui d'Allex à Valence réclame un pont près de l'église, où l'on ne peut passer ni à pied, ni à cheval.

7° Y a-t-il des dettes communales ? — Celles d'avant 1644 sont payées ; elles comprennent, en 1682, environ 300 livres dues aux comptables.

8° Quelle est la population ? – On compte 14 habitants en 1682 et 9 en 1689. (Il doit s'agir de chefs de famille).

L'examen des rôles de tailles, des cadastres, comptes et pièces justificatives terminent l'enquête (1).

De semblables visites, régulièrement faites, présenteraient un tableau très exact de la situation des communes depuis 1628, époque où les élections furent créées ; mais on n'en trouve pas dans celles de Montélimar et de Romans et un assez petit nombre dans celle de Valence.

Faute d'archives locales, il n'a pas été possible de connaître l'organisation ecclésiastique, scolaire et hospitalière d'Ambonil avant 1790. Aujourd'hui la paroisse est desservie par Montoison, peu éloigné de là, à l'Est.

Contenance imposable en 1839 : 116 hectares d'un revenu de 5.220 francs, soit 45 francs l'un, 18 maisons d'un revenu de 425 francs. En 1835, il y avait 1 hectare de bois, 73 en terres, 7 en vignes, 28 en prés.

Contributions de 1873 : à l'Etat, 582 fr. 68 ; au département, 271 fr. 11 ; à la commune, 295 fr. 86 ; aux non-valeurs, 21 fr. 04 ; total, 1.170 fr. 69.

Altitude : 217 mètres.

Population : en 1911, 94 habitants ; en 1921, 85.

Distances : de Loriol, 9 kilomètres ; de Valence, 17 (2).

---

(1) Drôme, C, 914 et 921.

(2) Mermoz, *Nouveau projet de répartition*, br. in 4°, et *Annuaire officiel.*

LE ROYANS

Bouvantes et la Chartreuse du Val Ste-Marie

Le sourcier Barthélemy Bleton.

On possède, sur le Vercors et le Royans, un assez grand nombre de guides illustrés et descriptifs, et aucun d'eux ne fait connaître leur histoire, même sommairement. Il y a une lacune ; en parcourant un pays où l'art et la nature ont semé des merveilles à pleines mains, il est réconfortant de le peupler de lointains souvenirs.

Aujourd'hui, il sera question de Bouvantes et de son rabdomancien Bleton, « paysan illettré et sans éducation, qui devint un moment célèbre ». Appelé à la Cour et à l'Académie des Sciences de Paris, ses expériences y causèrent une surprise et une admiration universelles, les mémoires de ce temps-là en font foi.

Quelles étaient donc les expériences de ce *sourcier* ou révélateur de sources souterraines, à l'aide d'une baguette d'osier ?

« Une chose assez remarquable, dit M. Sylvain-Eymard, dans l'*Album du Dauphiné* (t. II, p. 91), est que, dans le Royannais, pays natal de Bleton, il n'est pas rare d'y trouver des individus doués de la même faculté que lui. A l'époque où j'y exerçais la médecine, j'ai eu l'occasion d'en voir plusieurs et de m'assurer que cette étrange fécondité de *tourneurs de baguette* doit être probablement attribuée aux sources nombreuses et abondantes qui, coulant dans cette contrée, font que ceux qui sont sensibles à leur impression s'en aperçoivent plus aisément. »

Ce dernier point n'étant pas encore suffisamment démontré, nous le négligerons pour nous occuper du seul rabdomancien de la région, arrivé à la célébrité, avec Aimar Vernay, de Saint-Véran, son prédécesseur.

La *Biographie du Dauphiné* nous a appris déjà les succès et les revers de Bleton ; mais elle n'indique ni l'époque de sa naissance, ni ses titres à la reconnaissance de ses compatriotes.

Or, en parcourant les registres paroissiaux de Bouvantes, malheureusement incomplets, on trouve un acte qui pourrait bien se rapporter à lui :

« L'an 1738 et le 1er septembre, écrit M. Reboul, curé, a esté baptisé dans l'église d'Oriol (1), *Barthélemy Bleton*, fils légitime

(1) Le Curé de Bouvantes desservait aussi Oriol et Saint-Martin-le-Colonel et enregistrait les baptêmes, etc., dans le livre spécial à sa paroisse.

d'honeste Joseph et de Louise Cluse ; son parrain a esté Barthélemy Vignon, et la marraine Thérèse Allier, illitérés. »

Le *sourcier* du hameau des Vignes, eût vécu obscurément dans son pays, sans un médecin appelé Thouvenel, né en Lorraine, en 1745, inspecteur des hôpitaux militaires en 1784, et membre du conseil de santé de l'armée, en 1788, qui vint, en 1778, lui proposer de courir le monde et d'arriver à la fois à la fortune et la gloire.

Un *Mémoire physique et médical montrant les rapports évidents entre les phénomènes de la baguette divinatoire, le magnétisme et l'électricité*, parut en 1781, et l'année suivante commencèrent les expériences de Bleton.

Après quelques succès passagers, sa baguette perdit soudain sa vertu, les échecs survinrent, et l'enthousiasme s'éteignit, malgré un *second mémoire physique et médical* de Thouvenel (Londres et Paris, 1784).

Bleton mourut peu après on ne sait en quel endroit, ni à quelle date précise.

Un fait qui doit assurer à notre *sourcier* une certaine part à la reconnaissance publique, c'est son concours à la découverte des eaux d'Uriage.

On peut lire le récit de ses expériences dans les *Affiches du Dauphiné*, des 24 et 31 décembre 1784, et dans le *Journal historique et politique de Genève*, reproduit par la *Revue des Alpes*, du 29 juin 1861.

La même *Revue* (15 juillet 1861), d'après les *Mémoires sur les épidémies*, de Nicolas, et l'*Album du Dauphiné* (t. I, p. 141), confirment l'exploration d'Uriage faite par Bleton et Thouvenel, et M. Sylvain-Eymard ajoute « que la Révolution arrêta seule l'exécution des projets conçus dès lors, et repris seulement vers 1820 ».

Les tourneurs de baguettes joignent souvent la prétention de découvrir les sources à celle de voir les trésors enfouis dans le sol. Vers 1857, à Bouvantes, des inconnus fouillèrent secrètement les ruines du Val Sainte-Marie sur les indications d'un rabdomancien. Mais leur découverte se réduisit à quelques ossements humains et à des restes de la bière, de Burnon de Voiron, archevêque de Vienne, venu en ce désert pour y vivre et mourir obscurément, dans les premières années du XIIIe siècle.

Là aussi, en 1307, avait été enseveli Humbert de la Tour, après un règne de 24 ans. « Il se vit engagé dans des guerres continuelles pour la conservation des droits de la Dauphine Anne, son épouse, ou pour se garantir des entreprises du comte de Savoie » (1).

---

(1) Valbonnays, *Histoire du Dauphiné*. — On lira à ce sujet avec un grand intérêt l'une des nouvelles dauphinoises de Mme Louise Drevet, *La Dernière Dauphine, Béatrix de Hongrie*.

Pourquoi un archevêque et un Dauphin avaient-ils choisi ce refuge solitaire? Le renom de piété des Chartreux que Guigues VII, un autre Dauphin, y avait appelés, en 1144, de la maison fondée par saint Bruno, ne fut pas étranger sans doute à la détermination de ces deux puissants personnages.

Avant la fondation de cet établissement, la contrée n'était peuplée que de gardiens de bœufs, comme l'indique l'étymologie de *Bovantium*.

Une fois maîtres et seigneurs de ces montagnes, grâce aux libéralités des Dauphins et des familles riches du voisinage, les Chartreux en exploitèrent les bois et les firent porter au loin sur la Lionne, la Bourne et l'Isère ; ils défrichèrent aussi les quartiers fertiles et fouillèrent les rochers pour en extraire le fer qu'ils fondaient à Saint-Martin.

Les guerres du XVIe siècle appauvrirent grandement leur maison et la Révolution en consomma la ruine.

Elle était placée au pied de forêts immenses et entourée de montagnes de tous les côtés, sauf du couchant où la nature a formé un vaste et somptueux portail. Les eaux abondent dans ce val et alimentent deux ruisseaux ; cependant aucun industriel n'a utilisé les bâtiments claustraux encore en bon état, il y a cinquante ans, à cause de l'absence de voies de communication, de la température de la région et du manque de bras.

Non loin de là existe une source ferrugineuse inexploitée ; mais, comme compensation, les Chartreux ont donné leur nom à la source sulfureuse de Choranche, près du Pont-en-Royans, où un hôtel et un établissement de bains, coquets et bien tenus, attirent déjà les étrangers et les malades soucieux d'une prompte guérison, d'une vie calme et de paysages charmants.

Les forêts du Val Sainte-Marie appartiennent à l'Etat ; toutefois, à cause d'anciens droits d'usage, les communes voisines en ont reçu une part, qui est administrée sous le nom de Mandement de Saint-Nazaire.

Bouvantes avait en 1896, 628 habitants, en 1911, 463, en 1921, 401, et deux paroisses; il est à 15 kilomètres sud-est de Saint-Jean-en-Royans et à 60 de Valence.

Saint-Martin-le-Colonel

On a prétendu que le surnom de cette commune lui provenait d'un colonel illustre au temps passé; M. de Coston n'est pas de cet avis, et affirme que *colonelleum*, en bas latin, rappelle un domaine cultivé par un colon romain ou gallo-romain. Ducange étant muet sur ce point, il convient de rester neutre; toutefois, il sera bien permis de constater l'existence au XIVe siècle d'une famille Colonel, maîtresse de la seigneurie. Humbert, camérier du dauphin Humbert II, vivait encore en 1397, et Antoine se signala, en 1415, à la bataille d'Azincourt. Leurs armes, identiques à celles des Colonneau, d'une origine commune, *de gueules à la colonne d'argent*, passèrent aux Lionne, possesseurs du fief de Flandènes, dans le voisinage, par suite du mariage de Claude Ferrand-Teste avec Guicharde Colonel.

Anobli par le roi Charles VIII, en 1490, Claude écartela les armes de son épouse *d'un lion de sable armé, paré et lampassé de gueules* et, Berton de Lionne, en s'alliant avec Paule ou Polie Ferrand-Teste, adopta la *colonne d'argent*, en y ajoutant un *chef cousu d'azur, chargé d'un lion léopardé d'or*.

Malgré ces preuves héraldiques, des historiens affirment que le fief de Flandènes fut porté en dot à Jean de Lionne, en 1474, par Catherine Brun.

Quoi qu'il en soit, la famille de Jean ne tarda pas à devenir l'une des plus distinguées du Royans et même de la province. Elle forma trois branches : l'une à Grenoble, d'où sortirent des magistrats, des guerriers et des diplomates ; la deuxième, à Paris, illustrée par Hugues, ministre secrétaire d'Etat des affaires étrangères sous Louis XIV, né à Grenoble le 11 octobre 1611, et décédé à Paris, le 1er septembre 1671, et la troisième, à Romans, restée seule en possession de la seigneurie de Flandènes.

Le château fort de ce nom, bâti au sommet d'un rocher à pic et entouré de ravins profonds où coulent la Lionne et le Challiard, fut démoli en 1590 ; il avait appartenu aux Flandènes, aux Royans, aux Poitiers-Saint-Vallier, aux Alleman, aux Brun, venus sans doute du Trièves, et échut des Lionne aux d'Hostun, aux Tallard et aux Sassenage.

Sébastien de Lionne, fils de Berton, quitta son fief pour les finances, fut receveur dans le Briançonnais, ensuite trésorier des Etats en 1572, contrôleur des greniers à sel et intendant de l'armée du roi, qui l'anoblit en décembre 1580, et le nomma premier président de la chambre des comptes de Savoie et Piémont, en 1590.

Son testament de l'année 1626 fait connaître ses fils : Hugues, auteur de la branche de Romans, Artus, de celle de Paris, et Humbert, de celle de Grenoble.

Chorier n'a pas craint de reculer l'origine de la famille jusqu'à *Homoleius Lionus*, habitant de Nîmes, à l'époque romaine ; mais les recherches faites depuis lors ont montré son berceau à Saint-Quentin et à Saint-André-en-Royans, vers le milieu du XIVe siècle.

Hugues, seigneur de Leissins, Triors, Flandènes, etc., conseiller au Parlement de Grenoble, en épousant, en 1615, Laurence de Claveyson, devint seigneur d'Hostun, Mureils, Mercurol, etc., et mourut de la peste à Romans, en 1630. Son fils aîné, Sébastien II, après avoir exercé avec distinction la charge de conseiller au Parlement de Grenoble, acquit, en 1666, le Gouvernement de Romans qui rapportait 400 écus, « très bien payés, dit M. le docteur Chevalier, moitié par la ville et moitié par le roi. » Il eut aussi le titre de conseiller d'Etat, en 1648, d'intendant de Casal, la même année, et de marquis de Claveyson, en 1658.

Le conseil de ville romanais l'exempta du droit de pontonage en considération de ses bons offices envers les pauvres.

Humbert, son frère, seigneur de Flandènes, lui succéda comme gouverneur de Romans et fit reconstruire à ses frais le pont sur l'Isère qu'une inondation avait emporté en 1651, à la condition d'en percevoir 30 ans les droits de passage.

L'abbé de Leissins, Charles, autre frère de Sébastien, tour à tour chanoine sacristain de St-Barnard, conseiller du roi, abbé de St-Calais, prieur de St-Marcel-lès-Sauzet, d'Antonave, etc., agent général du clergé de France et gouverneur de Romans, fit rebâtir le château de Triors, et se donna une résidence princière, à Romans, avec son Hôtel des Allées, où il forma une bibliothèque de 1.091 volumes, une galerie de 247 tableaux, un cabinet de curiosités diverses, et réunit un riche mobilier comprenant plus de 1.650 articles, décrits récemment par M. le chanoine Perrossier(1).

Joachim de Lionne, son cousin et son légataire universel, n'accepta que sous bénéfice d'inventaire une succession grevée de dettes ; tout le mobilier se vendit à l'encan ; Charles Chabo de Laserre acheta les seigneuries du défunt, et son héritier eut pour tout bien une somme de 6.730 livres.

La branche de Romans s'éteignit avec les deux filles de Sébastien ; Flandènes et Saint-Martin entrèrent dans le duché d'Hostun, et la *Lionne* qui les traverse « semble, par son bruit, ne vouloir pas se taire de la gloire qu'elle a de porter ce nom » (2).

Saint-Martin avait en 1896, 220 habitants, en 1911, 205, et en 1921, 154, et 317 hectares de superficie. Il est à 4 kilomètres de Saint-Jean-en-Royans et à 48 de Valence.

Oriol

Plus heureux que Bouvantes et Saint-Martin-le-Colonel, Oriol nous offre un village gracieusement assis au pied d'une montagne

---

(1) *Un collectionneur dauphinois au XVIIe siècle, l'abbé de Lesseins et sa galerie*, Bullet. soc. arch. Drôme, T. 25 à 29, tir. à part.

(2) Guy-Allard, cité par M. le docteur Chevalier.

boisée, sur le bord des prairies que la Lionne arrose et en face de grandes forêts. Dans cette situation charmante, l'homme préhistorique doit avoir eu probablement un habitat, dont les traces ont disparu avec la culture.

D'aucuns ont prétendu que le nom d'*Oriau*, en langage vulgaire lui viendrait de son exposition au soleil levant; mais il y a une difficulté à cette étymologie, car la forme latine, *Aureolum* et *Oriolum*, affectée aussi à Loriol, qui est exposé au soleil couchant, en exige une autre. M. de Coston, très expert en la matière, voit, en effet, dans *Oriolum*, un vieux mot signifiant porche, grenier ou construction quelconque; ce qui permet de reculer le berceau du village jusqu'à l'âge du bronze ou du fer. Le remplacement de huttes en feuillage par des murs solides exigea une appellation nouvelle pour les premières maisons du lieu.

Sans aucun doute, leurs premiers habitants, pêcheurs et chasseurs par besoin, ont eu, comme nous, leurs passions, leurs luttes et leurs souffrances; mais ils ne les ont pas révélées.

A leur tour, les cultivateurs laborieux qui leur succédèrent, tout absorbés par les soucis de leur famille et de leur exploitation rurale, ne se sont pas montrés plus soucieux de leur histoire.

Cependant, comme dans tout village, il y a eu simultanément un seigneur, un prieur et une population rurale, les historiens ont recueilli quelques détails sur les uns et les autres.

A Oriol, le service religieux fut donné d'abord par les Bénédictins de Montmajour, et ensuite par les Minimes du Bourg-de-Péage, auxquels le Prieuré de Saint-Jean-en-Royans fut donné au XVIIe siècle.

La seigneurie appartint à l'origine, comme toutes les localités voisines, aux Bérenger de Sassenage, aux Poitiers, aux d'Hostun et aux Tallard. Ces derniers ont même laissé leur nom à un moulin d'Oriol. Leur famille descendait, par les femmes, des Neufville, ducs de Villeroy, longtemps gouverneurs de Lyon. Le premier duc de Villeroy épousa, en 1617, Madeleine de Créquy, petite-fille du connétable Lesdiguières, et Marie de Neufville donna sa main à Alexandre de Bonne, seigneur d'Auriac et vicomte de Tallard. Le 17 mai 1648, Roger d'Hostun de Gadagne s'unit avec Catherine, leur fille, qui, d'après les chroniqueurs et les chansonniers, a laissé un triste souvenir de sa moralité.

De ce mariage naquit, en 1652, Camille d'Hostun de la Baume-Tallard, lieutenant général en 1693, maréchal de France en 1703, ministre d'Etat et membre de l'Académie des sciences. Tous les dictionnaires biographiques renseignent sur ce grand personnage.

Son petit-fils, Louis-Charles, 3e duc d'Hostun, mourut sans postérité en 1739, et sa succession échut à Gabriel-Alphonse de Sassenage, mari de Catherine-Ferdinande d'Hostun, fille de Camille, maréchal de France.

Il reste à parler de la population agricole, et la visite d'un délégué de l'Election de Valence en 1687, ne décrit pas sa condition sous de brillantes couleurs. « Ses principaux revenus consis-
« tent en vignes, prés, noix et châtaignes et quelque nourrisse de
« bestail ; la récolte a été fort médiocre à cause de la sécheresse ;
« la grêle, en mai, y a gasté les noix, et en juillet, les vignes ; le
« 2 septembre, une inondation a découvert les roches aux Tra-
« mées et aux Granges. Il y a environ sept ou huit vingts chefs
« de famille qui ne font aucun trafic, ni négoce. Le seigneur est
« le comte de Tallard. Il n'y a pas de pont et le grand chemin de
« Grenoble en Provence a esté entièrement destruit par les eaux ».

En 1789, la condition des habitants a peu changé et ils sont environ 600.

Depuis lors une route de Saint-Jean à Crest, par Léoncel, y a créé un débouché facile ; sa population n'est encore cependant que de 528 personnes en 1896, en 1913, 510, en 1921, 413.

Distance de Saint-Jean : 3 kilom., de Valence, 47.

Oriol est la patrie de M. Jacques Bodin, établi à Lyon vers 1820, où il devint par son instruction et son honorabilité, président du tribunal de commerce, membre de l'administration des hospices et chevalier de la Légion d'honneur.

Léoncel

Cette commune, créée en 1854 avec une partie du territoire d'Oriol, se trouve sur les limites du Diois, du Valentinois et du Royans. Avant son autonomie elle dépendait du Chaffal, où vers 1862, un camp destiné aux exercices à feu de l'artillerie de Valence attirait les curieux ; aussi, en entrant dans le canton de Saint-Jean-en-Royans, a-t-elle laissé le Chaffal dans celui de Chabeuil.

La route de Crest qui la traverse suit, en quittant le village d'Oriol, un val étroit aux versants nus et monotones, pendant 15 kilom. environ, et longe un cours d'eau appelé dans le pays la Rivière et parfois la petite Lionne, en qualité d'affluent de la grande, sortie de Bouvantes. Lorsque le val s'élargit, d'imposantes constructions et une église, aux tons grisâtres, apparaissent au milieu des prairies. C'est Léoncel.

M. de Coston dérive ce nom de celui de la Lionne, qui naît près de l'église, et cette étymologie semble toute naturelle. On lui en a cependant attribué d'autres, comme celle ou cellule d'un ermite appelé Léon ou repaire du roi des forêts. La cellule hérémitique repose sur une simple hypothèse ; mais le souvenir du lion se retrouve dans le serre ou sommet d'une montagne voisine fort abrupte. La forme latine *Leo* donnée à Léoux, quartier de Villeperdrix-lès-Sahune et au col et fief de Dullion, entre Saint-Sauveur, Bésignan et Saint-Auban-sur-l'Ouvèze, ne saurait provenir de la Lionne, rivière du Royans. Ajoutons qu'un artiste a sculpté dans une nef latérale de l'église un lion assis, entouré de feuilles d'acanthe.

Il resterait à prouver que le grand fauve a vécu dans la Drôme à des époques lointaines, et ici les preuves font défaut ; bien plus, un document du XVe siècle, dans l'énumération des hôtes des bois de Saou, néglige tout à fait le lion (1). On pourrait objecter, il est vrai, que les sangliers et les cerfs encore existants à Oriol, en 1641, ont également disparu.

Quoi qu'il en soit, une commune de 44 ans de date n'aurait jamais pu avoir une histoire sans les archives d'une abbaye cistercienne établie sur son sol.

Avant 1137, la vallée était inculte, solitaire et presque inhabitable, à cause des rigueurs du climat, des vents impétueux qui s'y engouffrent et des amas de neige qui l'encombrent pendant six mois de l'année. Voici comment elle se transforma.

Le pape Calixte II, ancien archevêque de Vienne, ayant obtenu, en 1117, une colonie de Cisterciens, pour fonder l'abbaye de Bonnevaux, près la Côte Saint-André, frère Jean, plus tard évêque de Valence, en eut la direction. Vers le même temps, un riche seigneur de la contrée, Amédée d'Hauterives, parent des comtes d'Albon, s'y présentait avec seize gentilshommes, ses proches ou ses vassaux, pour grossir le nombre des douze premiers religieux. Grâce à ce renfort, l'abbé Jean détacha quelques-uns d'entre eux pour aller avec Amédée créer Léoncel. Bientôt des cellules et un oratoire y furent construits; le désert défriché produisit des récoltes, et la vie pénitente des Cisterciens, leurs travaux et leur sainteté attirèrent sur la maison naissante l'attention des seigneurs du voisinage qui avaient tous plus ou moins de fautes à expier ; toutefois, elle ne reçut le titre d'abbaye qu'un peu plus tard. Comme le climat rigoureux de la région exigeait des propriétés plus fertiles dans la plaine, les Châteauneuf, de la famille de saint Hugues, évêque de Grenoble, lui offrirent des terres à Alixan. Le pape autorisa ces donations ; les comtes de Valentinois et de Narbonne lui octroyèrent des privilèges et, de 1165 à 1187, elle possédait les

---

(1) Voici le texte : *Villa de Saone habet forestas et venationes grossarum bestiarum, aprorum, ursorum, cervorum, danorum, chomassiorum et bochum stagnorum* (Choix de documents historiques inédits sur le Dauphiné par M. l'abbé C.-U.- Chevalier, p. 270).

granges de Combe-Chaude, du Conier, de Parlanges, de Lente, de la Voulpe, la Part-Dieu-sur-Châtuzange, les territoires de Saint-Roman et de Valfanjouse, les pâturages de Musan et le cellier de Saint-Julien.

Au XIVe siècle, elle abandonna plusieurs terres à des emphytéotes ou tenanciers laïques, et ce fut là l'origine de la population rurale du lieu qui insensiblement obtint d'elle des droits étendus de pacage et de bûcherage.

Malheureusement, à la fin de ce même siècle, les Routiers la pillèrent et la saccagèrent, et au XVIe, le même désastre se renouvelait. « Je ne doubte point, écrit de Gordes aux consuls de Romans, « le 13 avril 1575, que les ennemis (les Réformés) ne bruslent, « pillent et saccagent tout ce qu'ils pourront, comme ils ont faict « du bastiment du monastère de Léoncel » (1).

Après ces deux épreuves, il fallait renoncer à un séjour sans défense, et les religieux s'établirent à la Part-Dieu. Mais alors une partie des biens de l'établissement primitif échut aux abbés, et ceux-ci allèrent jouir au loin « comme de vulgaires rentiers, des revenus de leur mense », sans nul souci de leurs subordonnés. Malgré le zèle des derniers prieurs, la maison alla toujours en déclinant, et, en 1790, elle ne comptait plus que trois religieux.

Plusieurs hommes remarquables, comme Amédée d'Hauterives et Hugues II, de Châteauneuf-d'Isère, ont honoré Léoncel; quant à ses autres membres, ils se livraient à la prière, à la vie pastorale et agricole, à l'exemple de ceux d'Aiguebelle d'aujourd'hui, qui obéissent aussi à la règle de Cîteaux.

L'église de Léoncel, classée depuis plus de 60 ans au nombre des monuments historiques, a trois nefs avec un transept coupé au milieu par une coupole solide supportant un clocher roman pyramidal. Une absidiole termine chacun des bas-côtés, voûtés en quart de cercle et séparés de la grande nef par cinq travées. Elles offrent chacune une arcade à cintre surbaissé, un peu aigu, et au-dessus une seconde arcade plus haute et franchement ogivale, avec fenêtre romane et archivolte sur deux colonnettes. Le chœur tout roman, est isolé de la nef par une coupole peu élevée, aussi romane, avec ses quatre pendentifs. Cet édifice appartient donc à une époque de transition, et sa dédicace remonte au 11 mai 1188.

En voici les dimensions : Longueur dans œuvre 39 mètres 60 ; au transept 23 ; dans les trois nefs 16 ; hauteur sous clé de la nef principale : 12 mètres, 60; bas-côtés, 8 ; abside, 10 ; clocher, 33 mètres.

---

(1) Archives de Romans.

Les bâtiments claustraux, servant aujourd'hui de mairie, d'école, de presbytère et d'habitations privées comprenaient : la salle capitulaire, l'auditoire, le chauffoir, le réfectoire et la cuisine, avec dortoir au-dessus. Le cloître développe autour d'un préau rectangulaire ses quatre galeries avec colonnes, arceaux, voûtes et chapiteaux ornés de sculptures. L'église renferme un Christ en bois sculpté d'une grande valeur artistique.

En résumé cette petite excursion ne saurait déplaire aux archéologues et aux touristes, et si Léoncel n'offre guère que des montagnes, des forêts et de petites vallées, il rappelle des hommes de foi et d'énergie dont le souvenir est gravé sur les monuments qu'ils ont laissés (1).

Il s'y trouve aussi une fontaine qui, dit-on guérit les maux d'yeux, sans que la science ait reconnu ses vertus curatives.

Distance : 18 kilomètres de Saint-Jean ; 35 de Valence.

Population : 218 habitants en 1896 ; en 1911, 199 habitants ; en 1921, 176 habitants.

Rochechinard

...Ses larges tours s'élevaient bien hautaines,
Et promenant leur ombre au sein des vastes plaines,
D'une arrogante voix semblaient dire aux passants :
Hobereaux et vilains, respect aux Allemands.

V. Arnaud, *Le prince Djem.*

En face et à cinq kilomètres ouest de Saint-Jean-en-Royans, se dresse une immense colline couronnée de rochers de plus de 1.300 mètres d'altitude, aux limites séparatives de la plaine d'Hostun d'avec la vallée de la Lionne. Son versant cultivé présente quelques fermes éparses, trois ou quatre hameaux, et, sur un mamelon, de curieuses ruines dont les teintes noirâtres et la verdure du lierre se confondent avec celles des escarpements de leur base.

Un sol argileux, en pente et un peu fertile, y convient aux arbres fruitiers bien plus qu'aux céréales, à cause des ravins creusés par les pluies. En 1789, la population, de 370 personnes environ, s'y nourrissait de pain de seigle, de *truffes* (pommes de terre), de fruits, de légumes et de blé noir acheté au dehors ; le

---

(1) Voir l'essai sur les origines monastiques du diocèse de Valence, abbaye de Léoncel, par M. le chanoine Nadal, et le cartulaire de cette abbaye par M. C.-U.-J. Chevalier, 1re livraison (seule parue).

seigneur avec ses six domaines (1) y possédant presque tout les fonds arables. Outre cela, il s'attribuait les forêts et les pâturages, de sorte que les habitants se voyaient contraints d'envoyer leurs troupeaux à Vassieux et de payer fort cher le bois de chauffage. Ils plaidèrent contre lui, et, après avoir dépensé 1.200 livres en procédures, finirent à regret par abandonner leurs poursuites.

Ajoutons à ce tableau l'absence complète de commerce, d'industrie et de voies de communications faciles.

Déjà, en 1687, s'élevaient de semblables plaintes (2).

Depuis lors, de grandes améliorations se sont réalisées à Rochechinard et, cependant, ce n'est pas la prospérité de la commune, ce n'est pas son nom prosaïque, emprunté à quelque personnage inconnu ou à la forme canine d'une roche, ce n'est pas même sa situation agréable en face d'une belle vallée qui l'ont rendu cher aux poètes, aux peintres, aux romanciers et aux touristes. Son prestige lui vient du séjour en son château d'un prince ottoman, privé à la fois de la liberté et du trône par un frère ambitieux.

M. Thuillier, d'Amiens, décédé à Paris en 1858, exposa au salon de peinture de 1839 une vue des ruines et du paysage, « pleine de grâce, de fraîcheur et de vérité », qu'il offrit à la Bibliothèque de Valence, et que la gravure a reproduite. A son tour, M. Berlioz Deprémont en présenta une autre au salon de 1848, dont nous ignorons la destination actuelle. Auparavant, l'*Album du Dauphiné*, par l'habile crayon de M. A. Debelle, avait déjà fait connaître le vieux manoir féodal.

Les écrivains n'ont eut garde de négliger les ressources dramatiques de la présence en cet endroit d'un prince malheureux. Après Guy Allard et son *Zizimi*, M. Alfred de Bougy a ravivé le souvenir de cette grande infortune dans *Djem, ses prisons, ses amours et ses aventures* (3) ; MM. Albert du Boys et l'abbé Vincent ont retracé son histoire tragique (4), et M. V. Arnaud l'a poétisée avec âme dans *Prince Djem, chronique dauphinoise du XVe siècle.*

Quant aux touristes, leur nombre grossit chaque année, depuis l'ouverture d'une bonne route, et leur *Bibliothèque* s'est enrichie d'une *Promenaae à Rochechinard*, par M. L.-Xavier Drevet, dans laquelle la physionomie réelle du pays et du château est décrite avec verve et esprit.

---

(1) En voici les noms : Mavis, sous le château, les Girins, Laragnol, Grispalot, le Puits, les Robins, avec le moulin banal.

(2) *Lettres historiques sur le Royans*, p. 181. — Archives de la Drôme, C. 4 et 135.

(3) *Le Dauphiné*, 3e année, nos 107-122.

(4) *Album du Dauphiné*, 3e année, p. 80. *Lettres sur le Royans.*

Or, en présence de ces sympathies artistiques et littéraires, ne convient-il pas de révéler quelques détails ignorés sur les possesseurs de la seigneurie, sur leur demeure et sur le prince qui l'habita ? Au lecteur bienveillant de se prononcer.

M. l'abbé Vincent attribue la construction du château aux Béranger-Sassenage, maîtres du Pont-en-Royans, au xᵉ ou xıᵉ siècle ; mais il ne prouve pas son affirmation, et les documents consultés ne révèlent guère de seigneurs bien authentiques à Rochechinard avant le xıııᵉ siècle.

Les premiers s'appelaient Guelix, et, malgré la forme latine *Guelini*, *Guallini* et *Geilini*, rien n'établit leur parenté avec les Geilin ou Geilon, premiers comtes du Valentinois. Bien plus, M. Brun-Durand a fort bien démontré que cette appellation s'appliquait à la fois à un prénom et à un nom patronymique (1). Or, Guy Allard place à la Sône le berceau des Guélix et à la fin du xıvᵉ siècle leur disparition de la contrée. De 1209 à 1329, on les trouve cités dans les Cartulaires de Léoncel et de Saint-Bernard ; en 1235, l'un deux prend même la qualification de chevalier, ce qui indique une position sociale élevée. Toutefois, jusqu'à ce jour, sauf l'*Inventaire des Dauphins*, peu de documents rappellent leur présence à Rochechinard, où ils durent vivre obscurs et sans gloire.

Après eux paraissent les Curtet, également ignorés des nobiliaires dauphinois. C'est un Mémoire imprimé à la fin du xvııᵉ siècle qui nous renseigne à leur sujet. En 1317, dit-il, Guigues, dauphin de Viennois, « en récompense des gros services que lui avoit rendus « Girin Gurtet, son écuyer », lui promettait « les château, « forteresse et maison forte de Rochechinard. » L'auteur a certainement confondu Guy, baron de Montauban, époux de Béatrix de Baux d'Avelin, avec Guigues, car on ne connaît d'autres enfants mâles à Humbert Iᵉʳ et a la dauphine Anne que Jean, Hugues, Guy et Henri. D'ailleurs, la suite du récit démontre assez l'erreur commise, sans altérer le fait lui-même. Effectivement, Guy étant mort sans avoir rempli sa promesse, Jean, son frère, devenu dauphin de Viennois, livra à Curtet, du consentement de Béatrix de Baux, le château qui lui avait été destiné, avec un appoint de 10 livres de revenus. Il le conserva jusqu'en 1340. A cette date, Humbert II, fils de Jean, réunit à son domaine de Saint-Nazaire tout ce qui en avait été démembré. Il approuva néanmoins la vente de Rochechinard consentie par Curtet à Aimar Alleman, fils de Pierre, de Beauvoir, sous la réserve de l'hommage

---

(1) *A propos d'un nom Dauphinois.*

lige, de la haute seigneurie, et de 30 florins d'or de Florence pour *introges* ou entrée en jouissance. L'acquéreur avait quelques droits à cette preuve de bienveillance, car Guillemette, son épouse, avait été nourrice du prince qui, neuf ans plus tard, donnait à la France la province de Dauphiné.

Malgré cela, Charles VI, roi-Dauphin, revendiqua le fief à son tour, et Aimar, pour le conserver, dut céder la justice ou juridiction de Rochechinard, six de ses vassaux et 40 sétiers de blé à Saint-Nazaire (1). Dès cette époque, les Alleman rendirent hommage au souverain ; Jean et Pierre, fils d'Aimar, en 1404 et 1408 ; Humbert et Pierre en 1444 et 1446 ; Barrachin, en 1483 ; Aimar, fils d'Annequin, en 1496, et Gabriel, en 1540.

Il n'est pas possible d'aborder ici l'histoire de cette grande et ancienne famille que l'on retrouve à chaque page de nos annales et sur divers points de la Provence. Pareil sujet mérite un travail spécial.

Des onze branches existantes en 1455, celle de Rochechinard ne fut pas la moins illustre. Antoine Ier (de 1465 à 1474), et Antoine II (de 1477 à 1493) furent évêques de Cahors ; Charles, leur oncle, grand prieur de Saint-Gilles se distingua à la défense de Rhodes contre les Turcs, en 1480, et dota richement divers établissements de l'Ordre. Quant à Barrachin, neveu de Charles, il périt à Novarre, en 1496, pendant les guerres d'Italie, après avoir employé sa légitime au placement de sa sœur et de ses frères. M. l'abbé Vincent ajoute à cette liste un ambassadeur à Rome, du roi Charles VIII.

Après avoir accru les revenus de Rochechinard au moyen d'achats de rentes à Thomas Romestaing, à Jean Petinot et aux Villette-d'Herbellet, les Alleman vendirent cette terre au milieu du XVIe siècle.

Claude Monier ayant acquis les château et seigneurie de Gabriel Alleman, fils de Falque ou Falcon, en 1551, en fut investi trois ans plus tard par le Duc de Guise, gouverneur de la province.

La coexistence de plusieurs familles du nom de ce nouveau seigneur, à Romans et dans la province, entoure son histoire de quelque obscurité. Guy-Allard dans ses notes, assure même que la terre aliénée fut mise sous la main du roi à défaut de paiement des lods et du droit d'incapacité, et l'inventaire des Archives de l'Isère cite un arrêt du Parlement de Grenoble appointant l'instance d'appel « de Claude Monier, sergent ou huissier de Roche- « chinard, acquéreur de la seigneurie de ce nom, au sujet de l'éva-

(1) Drôme, E. 1593.

« luation des droits de lods et d'incapacité, fixés par les gens des « comptes à la somme de 2.560 livres tournois. » (1)

Les Mosnier ou Monier qui avaient adopté les armes du vendeur : d'argent au chef d'azur et au lion de gueules, lampassé, armé et viléné d'or brochant sur le tout, prirent de préférence le nom de leur fief, bien que Arthemonay leur appartint aussi.

Des alliances avec de riches héritières de Romans leur apportèrent encore de beaux immeubles dans cette ville où ils jouirent de la confiance de la population et devinrent consuls plusieurs fois. Un inventaire, malheureusement fort laconique, mentionne les testaments de Romain, mari d'Imberte Bruyère, du 16 novembre 1605, de Françoise Guérin, du 9 janvier 1606, d'Antoine, oratorien, du 27 avril 1644, de Romain, du 31 juillet 1667, de Laurent, en 1673, et d'Alphonse, du 27 novembre 1683. Ce dernier, capitaine de chevau-légers, au régiment de Villepion, mourut en Allemagne peu de temps après, laissant son héritage à Madeleine Duvivier, son épouse, qui accepta seulement sous bénéfice d'inventaire.

De là de nombreuses procédures : vues de lieux, vente de meubles, d'immeubles et adjudication définitive des château et domaines au prix de 78.000 livres, à Marguerite de Rochechinard subrogée à Félicien de Marcoux, sieur du Bay, de Charmes, près Saint-Donat. Nous la croyons fille de Charles de Rochechinard, sieur de Crèvecœur, habitant Saint-Paul-lès-Romans, et de Marguerite de Bannes. Elle en fut mise en possession le 9 avril 1699, avec les cérémonies ordinaires : entrées et sorties du château, livraison des clefs et têtes de cerf (2).

Elle garda le tout quelques années seulement, car en 1742, le président de Barral-Montferrat évaluait le revenu de Rochechinard à 2.300 livres, dont 1.480 pour le grand domaine et un terrier, 736 pour deux autres domaines et 84 pour le moulin (3).

La famille de ce nouveau seigneur a donné deux prélats ; l'église, des officiers distingués à l'armée et des magistrats de mérite au parlement de Grenoble. L'inventaire des archives Dauphinoises de M. Morin-Pons, données par lui à la Bibliothèque de Lyon, cite deux généalogies imprimées qui la font remonter à nobles Jean et Guigues Barral, vivant en 1323 ; des lettres d'anoblissement accordées par Louis XIV, en octobre 1643, à Gaspard, avocat renommé de Grenoble, et un certificat de d'Hozier de

---

(1) Isère, B. 2029.
(2) Drôme, B. 1737.
(3) Drôme, C. 126.

Cérigny, établissant que le président de Barral-Montferrat eût pour bisaïeul et bisaïeule paternels Gaspard, écuyer, et Hélène de Chaste de Geyssans de Clermont, mariés en 1621.

Joseph-Marie de Barral, marquis de Montferrat, n'émigra pas, devint maire de Grenoble en 1790, de 1792 à 1794 et en 1800, député au Corps législatif en 1804, et président de la Cour impériale en 1811. Il mourut le 4 juin 1828, à 84 ans (1).

Comme il n'habita probablement jamais Rochechinard, le château tomba peu à peu en ruines et servit de carrière pour toutes les constructions rurales du pays.

Déjà en 1699, le 23 mai, des experts maçons et charpentiers en donnaient une description peu flatteuse, que nous allons abréger.

Un méchant pont de bois conduit à l'entrée du midi, une 2e porte s'ouvre sur la basse-cour « qui sépare le billard (2) « d'avec le donjon » et à trois portes et trois fenêtres ; il y a 4 portes et 3 fenêtres à l'escalier et, au-dessus, 1 porte et une fenêtre. De là on va au fort où se trouvent deux fenêtres grillées.

Au sommet de l'escalier qui monte de la galerie au donjon, les chambres sont éclairées par 4 portes et 3 fenêtres. La toiture et le plafond de la galerie sud et le toit de « l'aiguille », au-dessus, sont en assez bon état, tout comme la grande porte et 4 grandes fenêtres « à la française » qui prennent jour sur la galerie sud et comme les croisées et demi-croisées des chambres à plein-pied de la galerie du nord. De l'escalier on va à la grande salle, éclairée à l'est par une croisée et au nord par « une grande demi-croisière ».

Nous négligeons plusieurs chambres dont les planchers sont en mauvais état et les portes et fenêtres béantes.

L'Itinéraire général de la France, Alpes Dauphinoises, rappelle, du côté ouest, une énorme tour quadrangulaire crénelée, flanquée d'une autre tour cylindrique sur couronnement pyramidal très obtue. La partie est, la plus hardie et la plus pittoresque, comprend trois groupes de bâtiments, détachés les uns des autres, dont les deux premiers offrent les restes imposants de tours fort élevées avec leur quatre étages de fenêtres à croisées ; le 3e, une tour carrée, crénelée, flanquée d'un tourillon à plusieurs étages, communique avec les autres par un pont hardi jeté sur l'abîme.

Hélas ! de toutes ces splendeurs, il ne reste plus que des ruines dont l'abord est difficile et périlleux.

---

(1) Biographie du Dauphiné.

(2) Les médecins ayant prescrit à Louis XIV le jeu de billard par mesure hygiénique, il devint fort à la mode et l'appartement qui lui était destiné en prit le nom.

Mais l'ombre de Zizim les rend encore chères aux touristes. Ce prince, frère de Bajazet, avait des droits au trône de Mahomet II ; sa présence gênait l'ambitieux sultan ; aussi Djem ou Zizim, dut-il, pour échapper à la mort, se réfugier auprès des chevaliers de Rhodes. Il espérait par eux arriver en France et implorer le secours de son souverain. Le grand maître le confia à Charles Alleman de Rochechinard, qui le conduisit d'abord à Gênes, puis à Saint-Jean-de-Maurienne, à Chambéry et à Rumilly. Le 26 juin 1483, il l'amena à Poët-Laval et enfin à Rochechinard dans le château de son neveu.

Là, le prince exilé chantait en buvant :

Dieu merci, j'ai bonne mine
Et bon courage au Franguistan
Et qui se porte bien, domine
Le monde entier en vrai sultan.

La chasse et les voyages occupaient aussi ses loisirs ; mais Philippe Hélène de Sassenage l'attirait de préférence vers le château de la Bâtie sur Saint-Laurent-en-Royans. Selon Aimé du Rivail, son contemporain, il s'éprit tellement de la belle demoiselle qu'il voulut l'épouser et se faire chrétien (1).

L'idylle fut courte. Par ordre du roi de France, le grand maître de Rhodes le fit transférer à Bourganeuf et de là, à Rome, où il mourut de chagrin ou de poison.

Voilà tout le secret du prestige de Rochechinard.

Distance : 39 kilomètres de Valence ; 5, de Saint-Jean-en-Royans.

Population, 202 habitants en 1911, 183 en 1921.

La Motte-Fanjas

De Rochechinard à Saint-Nazaire, la distance est courte et la Motte se trouve à mi-chemin. Là, sur le versant nord d'une colline élevée, une maison d'école avec salle de mairie, une église et quelques habitations particulières représentent le chef-lieu d'une commune sans monuments, sans légendes et sans archives, sauf l'état civil ancien. Où trouver quelques indications pour son histoire ?

Son nom, d'origine celtique, selon M. de Coston, rappelle une construction entourée de fossés et de palissades ; quant à Fanjas (2),

---

(1) *De Allobrogibus*, p. 533.

(2) On trouve en 1217 : *Mota del Fanzas ;* en 1249, *Mota del Fanjatz* et, en 1308, *Mota del Fangas*.

qui le distingue des autres Mottes, assez nombreuses dans la province, il peut provenir également d'une famille obscure, d'un domaine, d'un champ ou d'un sol facile à détremper.

Dans cette incertitude étymologique, serait-il impossible d'y voir un prieuré fortifié, avec un fossé et une palissade pour le préserver de l'incendie ou d'une escalade? Les documents consultés ne s'y opposent pas.

Comme à l'origine de la féodalité, et même auparavant, le service paroissial incombait au clergé régulier, et qu'un ordre naissant renommé obtenait sans peine quelque donation d'immeubles, un prieuré desservi par trois ou quatre religieux s'élevait soudain dans un val solitaire ou sur une colline fertile et des cultivateurs s'installaient aussitôt non loin de l'église nouvelle.

Il est peu de communes où la tradition ne place un couvent ou un prieuré de ce genre, alors même que les ruines en ont disparu depuis longtemps.

Un *pouillé* ou registre des revenus ecclésiastiques, dressé en 1729, pour asseoir le chiffre d'impôts dûs au roi sous le nom de *décimes*, par chaque bénéfice du diocèse de Valence, attribue la nomination du prieur de la Motte-Fanjas à l'abbé de Saint-Chaffre-en-Velay; toutefois, le *Cartulaire* imprimé de cette abbaye, tout en révélant plusieurs de ses dépendances dans la Drôme et l'Isère, sous le nom de La Motte, ne désigne jamais celle qui nous occupe d'une manière précise. De plus, il existe un accord du XIe siècle entre l'église romaine et un seigneur du Royans, où il est stipulé que nul clerc ou laïque ne pourra acquérir des fonds ou des bénéfices dans la région, à l'exception des religieux de Montmajour qui en avaient reçu l'autorisation des souverains pontifes. Ismidon, fils ou petit-fils du contractant, fit sanctionner cet accord par un évêque de Grenoble, vers 1040 (1).

Dans la suite, les papes Innocent III, en 1204, et Alexandre IV, en 1258, confirmaient à l'abbaye arlésienne la possession de l'église de Saint-Pierre de La Motte, où, en 1269, existait un cloître habité par un prieur et un diacre. On y trouve des religieux de la même maison, en 1208 et en 1308, l'un comme témoin d'un acte passé à Saint-Antoine-de-Viennois, et l'autre autorisé par son supérieur à céder ses droits patrimoniaux à Eynard Galon, son frère, chevalier et seigneur de Mornans, près Bourdeaux (2).

Mais à partir de 1375, Montmajour n'a plus de représentants à

---

(1) MARION, *Cartulaire de l'église de Grenoble.*

(2) FILLET, *Les Colonies de Montmajour dans la Drôme*, tirage à part d'un article du « Bulletin de la Société d'archéologie, t. XXV et XXVI, et « Archives de la Drôme ».

La Motte et il n'est pas étonnant qu'en 1729 son souvenir en eût disparu. De là, sans doute, l'attribution du prieuré au Monestier-Saint-Chaffre, de l'ordre de Saint-Benoît aussi.

Ajoutons que Montmajour-lès-Arles, fondé au plus tard dans la première moitié du XIe siècle, fut supprimé seulement en 1786 ; qu'il était, de 1300 à 1400, l'un des monastères les plus riches et les plus prospères de France et qu'il posséda Saint-Antoine, Jaillans, Saint-Jean-en-Royans, Oriol, Saint-Martin-le-Colonel et d'autres églises de la Drôme.

Lorsqu'il eut quitté La Motte, le service paroissial y fut confié à des prieurs et à des curés. Ainsi, en 1460, le parlement de Grenoble déclarait contraire au droit la nomination de l'un de ces derniers faite par l'évêque diocésain, sans l'agrément du prieur ; en 1506, le pape Jules II octroyait sur le bénéfice une pension annuelle de 30 écus d'or au sacristain de Saint-Jean-de-Chabeuil, de l'ordre de Cluny, et en 1583, il n'y avait ni curé, ni prieur, tous les deux habitant Chevrières.

Vers 1685, Pierre de Tarnesieu, chanoine et sacristain de Die, et en 1729, Gaspard de Tarnesieu d'Artas, se qualifiaient prieur de La Motte, où le dernier percevait 306 livres de revenus dont 200 d'une terre, d'un pré et terrier (livre de redevances), portant lods (enregistrement actuel) et 440 pour les dîmes de Saint-Thomas, annexe de son bénéfice. Ses charges comprenaient la portion congrue (traitement) du curé de Saint-Thomas ou 300 livres, l'entretien des deux églises, évalué 24 livres, et les dépenses extraordinaires, allant à 10 ; total : 334 (1).

De son côté, le curé de La Motte, en 1742, y possédait un petit domaine de 7 sétérées de terres labourables, cultivé à mi-fruits, d'un produit de 75 livres 10 sols et de la dîme valant 195 livres.

Cette dualité d'intérêts cessa en 1769, à la suite d'un accord entre les deux bénéficiers qui assurait au prieur une pension annuelle de 48 livres et laissait au curé la dîme et le petit domaine pour lui tenir lieu de portion congrue.

Un inventaire de 1641 nous donne une assez pauvre idée du luxe de l'église pendant la période des prieurs commendataires et autres : deux nappes, un devant d'autel de camelot vert, une chasuble de la même étoffe, un voile de taffetas vert, un missel déchiré, deux chandeliers, un calice et deux burettes en étain formaient tout le mobilier du culte (2).

Cette petite excursion dans le domaine ecclésiastique nous per-

---

(1) *Les Colonies de Montmajour* et Pouillé de Valence de 1729.
(2) Etat civil ancien de La Motte. Evêché de Valence et série C (dixième) aux Archives de la Drôme.

met de révéler la condition peu connue du clergé paroissial dans les siècles passés.

L'histoire de la seigneurie ne saurait retarder notre course dans le Royans, car elle se confond avec celle de Saint-Nazaire. Quant au tiers état, un rapport de 1686 à l'Election de Valence résume ainsi ses revenus : le sol produit du vin, des fruits et des céréales ; mais cette année-là, les chenilles avaient dévoré les fleurs et les feuilles des poiriers et des pommiers ; la sécheresse avait réduit de moitié la récolte des grains et celle de la vigne s'annonçait seule sous de bons auspices. Le comte de Tallard, lieutenant de roi en Dauphiné, possédait la seigneurie et noble Isaac et Just de Villette y tenaient un fief de sa mouvance, avec obligation, en qualité de vassaux, de lui donner, à titre d'hommage, un baiser à la joue un fois par an (1).

D'après l'*Armorial du Dauphiné*, ces Villette différaient des seigneurs de Furmeyer, de même nom et remontaient a Claude, dit d'Arballet (Arbellet), qui vivait en 1427. Ils avait embrassé la Réforme que Jean, seigneur de Métrières, abjura en 1685. Jeanne Bachasson, épouse de Just, y mourut en 1705, et Marie Landau, veuve de Pierre, en 1782.

Il est tout naturel de trouver dans une commune agricole, voisine de montagnes boisées, des procès pour le pacage et le bûcherage. Aussi Guy-Pape en signale-t-il un contre le seigneur de La Baume-d'Hostun, au sujet de la forêt de Gervand, où les habitants réclamaient un droit d'usage gratuit. Un arrêt du Parlement du 28 mars 1461 les débouta de leur demande, appuyée cependant sur une possession de 10, 20 et 30 ans (2). Les détails sur une difficulté avec les Chartreux de Bouvantes, en 1647, manquent absolument.

Distance de Valence, 38 kilomètres, de Saint-Jean-en-Royans, 7. En 1911, 225 habitants ; en 1921, 212 habitants.

L'absence d'archives communales ne permettant pas de faire connaître l'organisation communale de La Motte, nous la quittons pour Saint-Nazaire où nous serons plus heureux.

Saint-Nazaire-en-Royans

I. — *Les Gaulois.*

Vous y voyez, dit Jouy, dans son *Hermite en Province*, « un village où les eaux, les rochers, la verdure semblent avoir été dis

(1) Drôme, C. 925.

(2) Guy-Pape. — Questions 374 et 573. — Etat civil ancien.

tribués pour enchanter les regards. La Suisse n'offre pas de site plus pittoresque ».

Depuis 1818, date de l'ouvrage précité, le bel aqueduc du canal de la Bourne, qui fait passer au-dessus des maisons une partie de la rivière, écumante à leur base, et la construction de quelques fabriques ont rehaussé encore le caractère original de Saint-Nazaire dominé, au sud-ouest, par des tours en ruines et par une montagne boisée, à l'est, par la haute colline de Saint-Just, au nord-est, par un plateau aboutissant à l'Isère.

De la route de Saint-Jean et du Pont-en-Royans, la vue embrasse à la fois les jardins, les ombrages, la Bourne, les vieilles fortifications et les maisons du bourg bâties en amphitéâtre : le coup d'œil est splendide.

Ce qui accroit encore l'intérêt du paysage, c'est le souvenir du passé de l'endroit, véritable porte d'entrée du Royans, car on a cru y retrouver l'emplacement de *Ventia, oppidum* gaulois, comme *Solonium*, où succomba devant l'un et l'autre l'indépendance de l'Allobrogie, 62 ans avant notre ère.

Les Romains par leurs exactions avaient exaspéré le pays conquis ; Catugnat se mit à la tête des mécontents. Voici d'après Dion Cassius, le récit de la campagne :

« Les Allobroges ravageant la Gaule Narbonnaise, Pomptinus (ou Pontinius), gouverneur de cette province, [illegible]oya ses lieutenants contre les ennemis. Ayant pris lui-même [illegible] position avantageuse, il observait les événements, afin qu'[illegible]t, selon les circonstances et suivant qu'il serait utile, donn[illegible]es ordres à ses lieutenants ou leur porter secours. D'une part, [illegible]ulius Legtinus marcha sur la ville de Ventia et frappa d'une te[illegible] crainte l'esprit des habitants, que le plus grand nombre prit [illegible] fuite et que le reste fit demander la paix par des ambassadeurs. Sur ces entrefaites, la population des campagnes se réunit et se porta subitement au secours de la ville. Lentinus, chassé de la place, ravagea impunément la contrée jusqu'au moment où Catugnat, chef de tout ce peuple, et quelques autres habitants des rives de l'Isère vinrent apporter du secours. A cause du grand nombre de leurs bateaux, Lentinus n'osa pas s'opposer alors au passage de la rivière dans la crainte que ses ennemis ne réunissent leurs forces s'ils le voyaient ranger son armée en bataille. Mais comme le pays était couvert de bois jusqu'aux bords de l'eau, il y plaça des embuscades, et surprenant au fur et à mesure les ennemis qui traversaient, il les faisait périr. Quelques-uns lui échappèrent, il les poursuivit et recontra Catugnat lui-même, et il eût péri avec toute son armée si un violent orage qui s'éleva tout à coup n'avait pas empêché les barbares de le poursuivre. Après ces événements,

Catugnat s'éloigna ; Lentinus fit alors une nouvelle incursion dans la contrée et s'empara de la place auprès de laquelle il avait éprouvé un échec » (1).

La citation un peu longue à la vérité, était, en présence des opinion diverses sur l'assiette de Ventia, absolument indispensable.

Or, deux indications seulement s'y trouvent révélées : le voisinage de bois étendus et de la rivière d'Isère, sans aucun détail sur la rive occupée. Aussi Amédée Thierry place-t-il la ville gauloise dans l'Allobrogie, et, partant sur la rive droite ; Adrien de Valois, D. Bouquet et d'Anville opinent pour Vinay ; Walkenaer pour le hameau de Vence, sur la route de Grenoble à la Grande-Chartreuse par le Sappey ; M. Macé pour un plateau couvert de ruines au-dessous du village de Saint-Egrève, dans la commune de ce nom en face de Sassenage (2), et, de mon côté, j'ai proposé Saint-Paul-lès-Romans, dans une notice sur la commune.

La rive gauche, par contre, a pour défenseurs MM. Emile Lacour, Courbassier et Allmer, tous favorables à Saint-Nazaire.

Où se trouve la vérité ? De prime abord, il faut, ce semble, renoncer à Vinay, comme un peu loin de l'Isère ; au hameau de Vence, « où jamais, assurément, armée n'a pu pénétrer », et même à Saint-Egrève. dont le voisinage du torrent de Vence et quelques antiquités, en divers temps découvertes, constituent les seuls titres. Il resterait donc seulement Saint-Nazaire et Saint-Paul.

M. Lacour a recouru, pour étayer son opinion en faveur de Saint-Nazaire, à une marche stratégique de Manlius Lentinus, fort habilement exposée, mais tout hypothétique. M. Macé lui reproche aussi d'avoir attribué aux Voconces une ville des Allobroges. Aux yeux de M. Courbassier, l'emplacement de Ventia entre l'Isère et la Bourne est de toute évidence indiqué sur le plateau des Quatre-Têtes ou des quatre forts, voisin de l'Isère et des bois de Claix. Là existent encore, en effet, selon lui, un rempart en terre, des traces de chemin dans le roc et des noms typiques, comme Camayor (*campus major*), Camparvère (*campus parvus*), Villevète (*villa vetus*) et enfin Valensolle par corruption de Vensole (*Ventia solum*).

---

(1) *Ventia et Solonium*, par M. Emile Lacour, et Dion Cassius, traduit par M. Gros.

(2) A. Macé, *Mémoire sur la géographie du Dauphiné et de la Savoie*, p. 27. Il y a aussi l'opinion qui place *Ventia* à Valence et *Solonium* à Soyons contredite par le texte cité.

Il ajoute qu'on a reconnu « à Mane, — encore un nom signifi-
« catif, — l'aqueduc amenant l'eau à Ventia, sur 15 kilomètres de « parcours, des *tumuli*, des tombes des ossements humains en « grande quantité, des fragments d'armes, des médailles d'un « petit module, une urne remplie de 4 kilogrammes de vieille « monnaie recouverte par une meule en lave, un fer de pique ou « de lance et une épée romaine ont été mis à jour en ce lieu par « la pioche des cultivateurs. » (1).

M. Allmer, le savant épigraphiste, initié à tous les secrets de l'histoire romaine, trouve fort séduisante l'opinion de M. Courbassier : « Conformité au récit de Dion, qui semble placer Ven- « tia sur la rive gauche de l'Isère ; site abrupte, couronné par un « plateau merveilleusement propre à l'assiette d'une ville et sur « lequel il paraît en avoir existé une ; découvertes, sur ce plateau, « d'objets des époques celtique et romaine, d'armes et d'ossements « en grande quantité, réunion d'analogies étymologiques qu'il est « difficile de mettre sur le compte du hasard ; similitude frappante « de position avec d'autres *oppida* de l'Allobrogie, tous placés à « la jonction de deux eaux : Genève, Condate, Vienne, Cularo, « Bantus (Annecy) ; tels sont les arguments qui se groupent pour « défendre le Ventia de M. Courbassier. »

Inhabile stratégiste, je n'ai pas recherché, comme M. Lacour, le chemin suivi par Lentinus, mais, à l'exemple de M. Courbassier et de M. Macé, je puis invoquer en faveur de Saint-Paul-lès-Romans les découvertes archéologiques, les étymologies et les documents conservés.

En effet, il y a là les quartiers de Venton et de Villavaio, la combe du Vent et le voisinage d'Altavéon, dont on a fait Octavéon, et surtout, au midi, en face, sur la rive gauche de l'Isère, le port d'Ouvey, dont l'analogie avec *Ouentia polis* de Dion Cassius est frappante.

M. le chanoine Perrossier a signalé à Saint-Paul des restes de constructions sur une étendue de 3 kilomètres de long et de 2 de large, des amas de tuiles romaines, des débris de marbres, de mosaïques, de fresques et de tombeaux ; un aqueduc souterrain amenant les eaux de Châtillon, dont un bourneau en cailloutis existe encore, des statues en marbre et en bronze aujourd'hui dispersées, et enfin, au témoignage de M. Lacour lui-même, des trouvailles de 5 à 600 monnaies en moyen bronze de Dioclétien, Maximin et autres empereurs (2).

---

(1) *Bulletin de la société d'archéologie de la Drôme*, II, 199.
(2) *Bulletin de la Société d'Archéologie de la Drôme*, III, 232 et XIX, 337.

Pareille situation, dans une plaine fertile entre l'Isère et la Joyeuse, son affluent, permit aux vaincus de rétablir leurs maisons peu à peu, et l'on possède deux donations de l'an 696 à l'église de Vienne, par Ephibius et Rufina, sa sœur, de toute la terre de Génissieux, avec ses 1.400 serfs des deux sexes et ses 500 enfants, ses bois, ses eaux, ses ports et ses districts (1). La carte de Cassini place même un Génissieu près du port d'Ouvey qu'elle dénomme Ouvesse.

Je n'insisterai pas sur la position d'Ouvey entre Eymeux et Hostun, où une armée pouvait évoluer plus à l'aise que dans le défilé de Saint-Nazaire, ni sur la découverte à Hostun, en août 1879, de 949 monnaies gauloises en argent dont 438 de la ligue contre Arioviste, 270 des Allobroges, 213 des Volkes-Arécomiques et 28 des Allobroges montagnards, ni sur celle d'armes à La Butte près du port d'Ouvey.

Mais, pour demeurer impartial, il est juste d'ajouter que l'épigraphie est venue jeter dans la balance le poids de son autorité, en concédant aux *Viennenses*, c'est-à-dire aux Allobroges, le terrain compris entre l'Isère et la Bourne ; ce sera précisément là le point à élucider dans l'article suivant, afin de prouver mon impartialité historique.

II. — *Saint-Nazaire. — Les Romains.*

Appelés en Gaule par les Marseillais, 153 ans avant notre ère, la première fois, et 125, la seconde, les Romains ne tardèrent pas à provoquer les Allobroges. Ceux-ci, malgré le secours des Arvernes, subirent une grande défaite près du confluent de l'Isère et du Rhône, et leur pays tomba au pouvoir des vainqueurs. On a vu qu'à l'appel aux armes de Catugnat, Ventia et Solonium succombèrent à leur tour, et que dès lors l'Allobrogie fit partie de l'empire romain. Des fermes importantes, des forts construits de distance en distance et la grande voie d'Agrippa, la Vimagne, à laquelle se rattachaient des voies secondaires, continrent désormais les Gaulois.

Faute de renseignements précis, il n'est pas possible de déterminer aujourd'hui l'emplacement des villes et villages soumis à la domination nouvelle ; toutefois les inscriptions découvertes à Saint-Roman, à Saint-Pierre-de-Chérenne, à Saint-André, à Saint-Laurent, à Saint-Jean, à Saint-Thomas et à Saint-Nazaire mettent en pleine évidence la présence de familles puissantes et riches

(1) Giraud, *Essai historique sur l'abbaye de Saint-Barnard*, etc. I, p. 27.

dans le Royannais, ainsi appelé de Mars *Rudianus*, honoré à Saint-Etienne-en-Quint et à Rochefort-Samson, le *D* ayant disparu comme dans rayon, moyeu, etc., dérivés de *radius*, de *modiolus*, etc. (1).

Pour le moment, les seules inscriptions de Saint-Nazaire sollicitent l'attention du lecteur bienveillant, qui voudra bien m'autoriser à en reproduire les interprétations dues à M. Allmer, si compétent en épigraphie.

La première inscription trouvée, en 1845, dans les fondations de la maison Jasset, représente un autel à Minerve, de 50 centimètres de haut sur 45 de large, brisé en bas au-dessus de la base et portant une patère sculptée en creux sur la face supérieure. On y lit :

SVCESA MINIIR
VAII. V. V. S. L. M.

Sucesa Minervae, ut voverat, solvit libens merito.

Soit en français : Successa (au lieu de Sucesa) à Minerve, avec reconnaissance et en accomplissement de son vœu (a élevé cet autel).

Si l'omission d'un *C* et d'un *S* dans son nom prouve que la dévote à la déesse des arts et des lettres ne savait pas son orthographe, les archaïsmes du texte le rendent curieux, au témoignage de M. Allmer. Toutefois, il ne peut servir en rien à la question de Ventia. Il n'en est pas de même de deux autres inscriptions, qui se rapportent peut-être au même personnage, et ont une grande importance. L'une a été découverte, en 1868, au pont de Mâne, sur la rive droite de la Bourne, et l'autre sur la rive gauche de cette rivière, à Saint-Nazaire même, le 27 décembre de la même année. Celle de Mâne est gravée sur un bloc de calcaire dur, presque carré, haut d'un mètre et large de 0 m. 95. « Les lettres sont de bonne forme et bien conservées ». Une patère de bronze antique, malheureusement endommagée, acquise par M. Guillaud, docteur en médecine à Bourgoin, porte la deuxième.

Voici le texte de l'inscription de Mâne :

G. CONTESSIO
VOL. LAEVINO
F. IIVIR. IVR DIC.
T. F. I.

---

(1) *Bulletin de la Société d'archéologie de la Drôme*, article de M. Allmer, 1868, p. 230.

Gaio Contessio, Voltinia, Laevino, flamini duumviro juri dicundo. Testamento fieri jussit. Ce qui se traduit ainsi :

A Gaius Contessius Lævinus, de la tribu Voltinia, flamine, duumvir juge. Tombeau élevé d'après les ordres de son testament.

Celle de la patère offre des lacunes, représentées ici par des hachures :

/// CONTESSIO. L. FIL. VOL ///////
//// (II VIRO) IVRIS DICVNDI //////
Q. CASTRICIVS HERMES CLIENS

Contessio L.(ucii)filio, Voltinia,.. ..duumviro juris dicundi... . Q. Castrucius Hermes, cliens.

A Contessius..... fils de Lucius (Contessius), de la tribu Voltinia, duumvir juge... Q. Castricius Hermès, son client (a élevé ce monument).

Si l'identité du personnage était prouvée, les deux inscriptions se complèteraient l'une par l'autre, et l'on saurait que Gaius Contessius était fils de Lucius ; mais l'absence de la lettre initiale du prénom sur la patère ne permet pas de se prononcer.

M. Allmer, dans son bel ouvrage sur les *Inscriptions antiques de Vienne* et dans le *Bulletin de la Société d'archéologie de la Drôme*, a fort savamment expliqué les textes précédents ; le point capital pour cette étude réside principalement dans l'indication des emplois civils et judiciaires de Contessius, dans l'une des trois cités de Vienne, de Die ou de Valence (1).

S'il s'agit de Vienne, l'Allobrogie aurait occupé le territoire compris entre l'Isère et la Bourne et, par conséquent, Ventia en aurait dépendu.

Il faut prouver ce point.

Or, le pont de Mâne actuel, à la limite extrême des Allobroges, des Voconces et des Ségalaunes, ne relevait pas alors des derniers, dont Valence, le chef-lieu, passe pour une colonie militaire, et partant étrangère à la tribu Voltinia. De plus, le tombeau de Contessius, sur la rive droite de la Bourne, trouvé parmi des restes de constructions romaines, ne permet pas de supposer qu'il y ait été apporté d'ailleurs, d'autant que les coteaux à pentes raides qui escortent la rivière de ce côté présentent une limite bien marquée par la nature. Enfin, les diocèses, en succédant aux cités, en conservèrent les limites; celui de Valence s'arrêtait à la rive gauche

(1) *Inscriptions antiques*, II, 219-20. — *Bulletin de la Drôme*, 1868. 1873 et 1874.

de la Bourne et celui de Vienne atteignait sa rive droite (1). La conclusion tirée par M. Allmer est favorable à Ventia.

Il ajoute que la colonie de Vienne, de la tribu Voltinia, commune, dans la Narbonnaise, à toutes les cités non militaires, avait des duumvirs pour magistrats, alors que ceux de Die, cité des Voconces s'appelaient prêteurs ou quattuorvirs.

Cet exposé justifie M. Lacour d'avoir placé sur la rive gauche de l'Isère une ville des Allobroges. Mais la position de Ventia devient-elle pour cela définitivement acquise à Saint-Nazaire?

Je n'ai aucune raison de trancher la difficulté et j'entends laisser au lecteur sa liberté entière. L'histoire doit se borner au simple exposé des faits, sans prendre le ton du plaidoyer ni la solennité d'une sentence.

Quand à *Solonium*, placé à Saillans, à Soyons, à Solaize et près de Montmiral, il ne saurait être revendiqué par le Royans. Je ferai une seule remarque au sujet de la disparition des noms de lieux.

Il existait avant la Révoluiion, non loin du port d'Ouvey et de l'Ecancière, une commune appelée Crispalot, où l'ordre de Malte avait des biens. Elle a complètement disparu au commencement du premier Empire dans celle de Beauregard, et aujourd'hui son nom est tombé dans l'oubli le plus complet.

En terminant ce chapitre tout archéologique, il semble à propos d'insister sur les services rendus à l'histoire par la numismatique et par l'épigraphie et sur la conservation des monuments du passé. A une époque où l'instruction étend chaque jour son domaine, chaque mairie devrait posséder les inscriptions, les armes, les médailles et tous les objets antiques découverts dans la commune. Les musées locaux, en honneur un instant, ne le sont guère aujourd'hui, et ceux qui avaient recueilli des épaves des temps anciens, en passant d'une main à une autre, ont fini par les perdre. C'est là un véritable malheur, car l'autel à Minerve et les tombeaux de Contessius, conservés avec soin à Saint-Nazaire, y attireraient certainement les archéologues au même titre que son paysage enchante les touristes.

III. — *Les premiers seigneurs.*

A partir de 411, l'empire romain subit les invasions des Burgondes, des Goths, des Vandales et d'autres peuples, semant le deuil

(1) Au moyen âge le diocèse de Valence s'étendait jusqu'à la Bourne et à la Lionne ; celui de Grenoble jusqu'à la Bourne et celui de Die entre la Lionne et la Bourne. Cette dernière délimite encore les départements de la Drôme et de l'Isère.

et les ruines sur leur passage. Un auteur assure qu'au moment de la conquête par Clovis du royaume de Gondebaud, les soldats de ce monarque vinrent chercher un asile momentané dans les montagnes du Royans. D'autres dérivent le nom de ce pays de Rhodan, chef lombard, repoussé de Grenoble vers les défilés du voisinage, où son armée périt presque entière (580). Enfin, une troisième version y amène les Sarrasins vaincus à Poitiers par Charles Martel (782). Ce sont là, sans doute, de simples hypothèses ; ce qui est certain, c'est que les Sarrasins, en 734 et 830, et après eux les Normands et d'autres étrangers ravagèrent nos contrées à tel point que l'évêque de Grenoble, avec l'aide de ses diocésains, fut contraint de les en expulser (965).

A ces calamités passagères s'ajoutaient souvent des luttes entre prétendants à la succession de Louis-le-Débonnaire, et au trône élevé à Mantaille, en 879, en faveur de Boson. Rodolphe III, dit Le Fainéant, dernier possesseur, étant mort en 1032, ses Etats se partagèrent entre ses anciens fonctionnaires militaires et civils. On signale même avant ce temps, un comte de Valence, Adalelme, en 912 ; un comte Geilin, en 948, et vers 962, un comte Lambert, père d'Adémar et celui-ci d'Hugues. Or, ce dernier ayant laissé Guillaume, Adémar et Lambert, des auteurs ont vu, dans le premier, un seigneur de Montélimar ; dans le deuxième, l'évêque du Puy, légat du Pape à la Croisade, et dans le troisième, un seigneur de Peyrins. Cette filiation a le tort de supprimer un prince du Royans, nommé Ismidon, cité dans plusieurs chartes des églises de Romans et de Grenoble, témoin, en 1025, de l'élection de Léger, abbé de Saint-Barnard. On ignore le nom de son fils ; mais Lambert François, son petit-fils, frère utérin ou consanguin d'Adémar, évêque du Puy et légat, suscita de nombreuses difficultés à la ville de Romans et à son abbaye.

La seule hypothèse logique, à une époque où les grandes familles, peu nombreuses encore, se mariaient entre elles, serait l'alliance d'Ismidon avec la fille d'un comte de Valence.

Quoi qu'il en soit, Abhaldisie ou Adhalisie, mère de Lambert François, ratifiait avec lui, en 1086, une donation à Saint-Barnard des églises de Saint-Laurent et de Sainte-Eulalie-en-Royans, et, en 1108, celle de la moitié des dîmes de Saint-Paul-lès-Romans. Ce seigneur prit part à la Croisade et fut envoyé en mission en Espagne par Guy de Bourgogne, son parent, d'abord archevêque de Vienne et ensuite pape sous le nom de Calixte II. Sa famille, qui va se transporter à Saint-Nazaire, y trouvera sans doute une demeure convenable, car le village remonte à cette époque. La preuve s'en tire du nom qu'il prit, en naissant ou en ressuscitant, d'un saint martyr de Milan, aux premiers siècles du christianisme, dont le corps fut découvert seulement, en 395, et dont les reliques ne durent arriver d'Italie qu'au XIe siècle, comme celles des patrons des villages voisins, Saint-Paul, Saint-Thomas, Saint-Lattier (Eleuthère), Saint-Just, Saint-Hilaire, etc.

Raynaud, fils de Lambert François, demeura à Peyrins où sa famille ne joua plus qu'un rôle effacé ; Berlion, son frère, héritier des biens du Royans, s'y établit, et Raymonde sa fille, en épousant Raymond Bérenger, lui porta Saint-Nazaire en dot.

L'origine de ce nouveau seigneur a fait naître plusieurs opinions : les uns ont vu en lui un descendant des rois d'Italie ou des comtes de Provence du nom de Bérenger, les autres, des comtes de Forez, et les troisièmes, des Monteynard, seigneurs de Domène, dont un rameau s'établit dans le Trièves.

Raymond eut pour fils et héritier Guidelin ou Geelin, qui, du consentement de Flotte, son épouse, céda, en 1174, aux religieux de Léoncel, la montagne de Musan et un droit de pacage entre la Lionne, la Bourne et l'Isère, moyennant 300 sols d'investiture. Cette libéralité, confirmée, en 1231, par Flotte Osasèche, et, en 1251 et 1275, par Arnaud Guelin ou Geelin, seigneur de Rochechinard, établit clairement la filiation des Bérenger et prouve leur identité avec les Guélix, contrairement à ce que j'ai dit dans mes notes précédentes sur ce village (1), d'après Guy Allard.

Un des fils de Guidelin de Royans, nommé Raimbaud Osasèche, posséda Flandènes, Saint-Nazaire et le fort de Rochebrune. Il épousa Alix de La Tour, fille d'Albert II, qui testa en mars 1248 ou 1249, et eut d'elle Flotte de Royans, dont la biographie étudiée avec soin fournirait à l'histoire du pays un chapitre des plus curieux, et projetterait un rayon de poésie sur une époque de compétitions, de violences et de combats.

Par son mariage avec Guillaume de Poitiers, la dame de Saint-Nazaire lui porta cette seigneurie. Or, malgré toutes les recherches faites, l'origine de ce nouveau maître n'a pu être éclaircie jusqu'à ce jour. Guy Allard le rattache aux anciens comte de Valence, du nom de Geilin ; d'autres font venir ses ancêtres du Languedoc ou de la Provence, et une charte de Cluny, de 1023, place un château *de Pictavis* près de Nyons, d'où les Monteynard, les Adhémar et d'autres familles anciennes seraient sortis. Ce qu'il y a de sûr, c'est

---

(1) Cette rectification permet d'ajouter aussi quelques noms à la liste des seigneurs, comme ceux de Jeanne Dupuy, veuve et héritière de noble Pierre de Pourroy, trésorier général de France, en 1711 ; de Pierre Pourroy, chevalier d'honneur en la Chambre des Comptes; de M. du Colombier du Perrier, qui vendit les biens de la seigneurie, vers 1810, par l'entremise de la bande noire. (*Notice sur la famille Terrot, du Pont-en-Royans.*)

qu'Aimar Ier, de Poitiers, se déclare protecteur de Léoncel, au milieu du XIIe siècle, et que son fils Guillaume se qualifie comte de Valentinois, à raison de ses fonctions. Aimar II, fils et successeur de Guillaume, embrasse le parti du comte de Toulouse, et devient de la sorte ennemi des évêques de Valence.

La mort à vingt-cinq ans de Guillaume de Poitiers entraîne dans la lutte la jeune veuve, nommée tutrice d'Aimar III, au grand mécontentement d'Aimar II. Se voyant menacée à la fois par son beau-père et par le prélat Valentinois, Flotte gagne à sa cause ce dernier, moyennant la cession d'Upie et de Montoison et 25.000 sols. D'autre part, comme Aymon de Faucigny était venu secourir le comte de Valentinois, elle sut par ses charmes captiver le guerrier, appelé à la combattre et qui, étant veuf, demanda et obtint sa main.

Ces premiers succès bientôt suivis de la défaite des troupes d'Aimar II, assurent à Flotte une grande réputation d'habileté, et une décision qu'elle rendit pour apaiser un différend entre l'abbé et les religieux de Léoncel prouve qu'elle savait aussi bien juger que gouverner. On peut lui reprocher cependant de n'avoir pas su détourner son fils d'entrer en lutte contre les Dauphins, et de causer ainsi à ses vassaux de grands et terribles malheurs.

Les comtes d'Albon paraissent de bonne heure dans le Viennois et dans les environs de Romans, sous le nom de Guigues, et si leur origine est encore environnée de ténèbres, on sait que le premier dauphin connu possédait une partie de Peyrins concurremment avec Lambert François. Cette rivalité d'intérêts amena la guerre, avec la coopération d'Aimar III à la destruction du château de la Roche-de-Glun, par saint Louis. Le comte d'Albon, irrité, réclama la suzeraineté de Saint Nazaire et des seigneuries voisines pour un quart, en vertu d'une reconnaissance de Guillaume de Poitiers, les lods de deux maisons situées dans le château vieux ayant appartenu jadis à la maison de Chabeuil (1). Il se plaignit en outre de la construction d'une tour par Osasèche, père de Flotte.

Un refus répondit à ces plaintes, et la guerre commença par la prise du bourg et la confiscation des biens réclamés. Aimar III ne tarda pas à s'emparer de Saint-Nazaire, dont un incendie consuma les maisons. Après quelques violences commises à Saint-Lattier et La Sône, le comte de Crussol intervint comme arbitre et laissa

(1) Une charte des Templiers de Valence, de l'an 1206, fait descendre Gontard de Chabeuil, vaincu par l'évêque de Valence, de Guillaume et celui-ci de Gontard de Royans.

Aimar III en possession de ses biens, à la condition de les tenir en fief du Dauphin.

Flotte approuva la sentence arbitrale, le 27 mai 1250, et alla mourir à Grane peu de temps après.

Telle est l'histoire des premiers seigneurs de Saint-Nazaire, brièvement exposée. Elle est hérissée de difficultés, et il aurait fallu un volume pour en offrir les détails. Le touriste et le voyageur en quête d'émotions peuvent en recueillir assez avec ce rapide récit pour les plonger en d'étranges rêveries et leur révéler de nombreux mystères sur le passé du bourg (1).

IV. — *Derniers seigneurs.*

Les Dauphins et les Poitiers, malgré les tours qui portaient leur nom, habitèrent rarement Saint-Nazaire ; il suffira donc de mentionner quelques faits relatifs aux uns et aux autres pour compléter l'histoire de la seigneurie. En 1300, Humbert Ier de la Tour, la Dauphine, son épouse et leur fils en affermaient les revenus à Aimar de Poitiers, comte de Valentinois, pour neuf ans ; peu de temps après, le dauphin Jean venait y recevoir l'hommage de plusieurs feudataires et en donnait le château à Guy, seigneur de Montauban, son frère.

Avec Humbert II, dernier souverain de la province, Saint-Nazaire change de destination ; Marie de Baux, son épouse, y reçoit les revenus du péage, et en 1349, dans l'acte de cession du Dauphiné à la France, il se réserve pour lui ceux de la seigneurie. Toutefois, il ne les conserve pas, témoin la donation qu'il en fait la même année au monastère de filles, fondé par Béatrix de Hongrie, sa mère, dans la maison-forte de Saint-Just, acquise d'Ogier de La Rivière. A trois ans de date, il octroyait aux mêmes religieuses un droit de bûcherage dans la forêt de Claix et une part de la coupe annuelle pour construire leur église. Cette abbaye cistercienne devait avoir 30 religieuses professes et 7 prêtres ; elle fut pillée et brûlée au XVIe siècle, ensuite transférée en 1600 à Romans.

Sous les dauphins de France, héritiers d'Humbert II, Saint-Nazaire est administré par des châtelains et ne joue aucun rôle important. On y signale cependant, en 1448, la confirmation des libertés locales par le dauphin Louis, plus tard Louis XI, et celle du droit de pêche dans la Bourne et dans la Lionne.

---

(1) Sources : *Mémoires pour servir à l'histoire des Comtés de Valentinois et de Diois*, par M. le chanoine Jules Chevalier. — *De l'Allodialité dans la Drôme*, par M. de Pisançon. — *Lettres historiques sur le Royans.* — Cartulaires de Romans, de Grenoble et de Léoncel.

Guy Allard prétend que lors d'un projet de vente de la seigneurie, en 1421, les habitants par affection envers le Dauphin lui offrirent la moitié du prix qu'Antoine d'Hostun promettait, afin de rester sous sa domination. Il leur prête même une démarche semblable à l'époque où Falque Alleman vendit sa part de Saint-Nazaire, vers 1490, à Bernardin de Clermont, vicomte de Tallard. Mais cette fois, d'après François Marc, il n'y eut aucune offre de remboursement de prix.

Parmi les vassaux des Dauphins, les Poitiers occupaient un rang distingué ; on sait qu'ils formèrent deux branches : celle des comtes de Valentinois, éteinte en 1419, et celle de Saint-Vallier, dont Diane fut la dernière héritière. Or, le comte Aimar, après maintes difficultés avec Charles, seigneur de Saint-Vallier, au sujet des comtés de Valentinois et Diois, que ce dernier revendiquait en vertu de substitutions antérieures, lui céda, sur les conseils du pape, à titre de compensation, les châteaux de Saint-Nazaire et de Flandènes avec leurs dépendances, une part de celui d'Hostun et la baronnie de Chalencon en Vivarais.

Jean de Poitiers, fils de Charles, posséda ces diverses terres et mourut sans postérité, en 1474 ; mais Aimar, son frère et son héritier, vendit ses droits sur Saint-Nazaire à Barrachin Alleman, seigneur de Rochechinard, et à Falque, son frère, qui les transmirent à Bernardin de Clermont, vicomte de Tallard, d'une très ancienne et très puissante famille de la province.

Antoine, fils de Bernardin et d'Anne de Husson, comtesse de Tonnerre, montra sa valeur à Marignan et à Pavie et mérita, d'après Chorier, la lieutenance générale dans les gouvernements de Dauphiné et de Savoie.

Louise de Clermont, par son mariage avec Méraud d'Hostun, de la branche des comtes de Verdun, porta Saint-Nazaire, La Baume, Beauregard, etc., à la famille de ce gentilhomme, déjà maîtresse d'Hostun depuis 1260.

Parmi les successeurs de Jean, héritier et neveu de Méraud, l'histoire signale Antoine, baron de Charmes, conseiller d'Etat, maréchal des camps et armées du roi, allié, en 1558, à Diane de Gadagne ; Balthazar et Antoine, sénéchaux de Lyon, Louis, lieutenant du roi en Forez, et Roger, également sénéchal de Lyon, auquel Catherine de Bonne d'Auriac, vicomtesse de Tallard, donna un fils, Camille d'Hostun, duc de Tallard, pair et maréchal de France, déjà rencontré à Oriol.

Joseph-Marie d'Hostun, gouverneur de Besançon, avait épousé, en 1713, Marie-Elisabeth-Angélique-Gabrielle de Rohan, tante du prince de Soubise, et ils laissèrent un fils unique, Louis-Charles, duc de Tallard, marié en 1732 avec Marie-Victoire de Prie et mort sans enfants, en 1739.

La succession du maréchal de Tallard échut au mari de sa fille, Catherine-Ferdinande d'Hostun ; c'était Gabriel-Alphonse de Sassenage, dont la fille Marie-Françoise, unie en 1718 avec Charles-François de Sassenage, son cousin-germain, eut, entre autres enfants :

Marie-Françoise, épouse du comte de Maugiron et ensuite d'Armand-Sébastien de Bruck ; Marie-Justine, devenue marquise de Talaru, et Marie-Françoise-Camille dont Raymond-Pierre, marquis de Bérenger et comte du Gua, obtint la main et ramena ainsi dans sa famille la terre de Saint-Nazaire qu'elle avait possédée à l'origine après les François, de Peyrins.

Les dames de Bruck, de Talaru et de Bérenger, n'ayant pas émigré, conservèrent leurs immeubles, dont une part revint à Mme de Veynes, née de Maugiron.

Telle est l'histoire succincte des possesseurs de la seigneurie. Quand à celle du tiers-état, longtemps confondue avec celle de la province, elle ne se révèle au XVIe siècle que par des logements et des contributions militaires.

Le 30 juin 1562, des Adrets, craignant, dit-il, quelque sédition à Saint-Nazaire, la Sône, Saint-Lattier, etc., « tant pour le faict de la religion, que aultre soubs colleur d'icelle », nomme François Chosson du Périer, dont il connaît le zèle, « supperintendant et cappiteyne commandant » de ces localités, avec ordre aux juges, châtelains et habitants de le recevoir lui et les soldats qu'il avisera.

Or, une requête nous apprend qu'il se logea à Saint-Nazaire à sa guise, contraignit la population à lui fournir chevaux et montures, lorsqu'il sortait, et « oza fere dresser et ériger potence patibu « laire, excédant, en ce, de plus, sa charge, combien qu'il n'aye « heu la moindre occasion de reprendre aulcun des habitants de « sediction ou rebellion à Dieu, à sa religion et au roy ». Il y est ajouté qu'il n'a pas exigé les mêmes contributions des autres mandements, malgré l'adhésion volontaire du leur à la Réforme, et l'existence de deux églises qui ont demandé des ministres à Lyon et à Genève.

Chosson avait aussi l'ordre d'inventorier « tout le reliquere « trouvé ès temples, couvens, priorés et chapelles et de le remettre « à des personnes solvables » et d'affermer les biens et revenus des bénéfices ecclésiastiques dont le revenu serait porté, à Valence à Claude Amel. Des quittances de Gaspard de Theys et de Rambaud, chargés « de lever les argenteries des églises papales du Royans », prouvent que des Adrets fut obéi.

Non content de dépouiller les édifices du culte catholique au nom de la liberté, celui de Saint-Nazaire fut livré aux flammes, en 1565, et, trois ans après, on se servait d'une chapelle.

Il est dit dans les historiens du temps que Montbrun, en 1573, vint camper sur la rive droite de la Bourne d'où il surveillait l'entrée du Royans et qu'un autre Montbrun, du Pont-en-Royans, s'empara de la grosse tour près du pont, et la garda quelque temps en 1576.

Selon Piémont, le duc de Mayenne, venu en Dauphiné pour arrêter « les ravages liguaires », envoya Livarrot, neveu de Maugiron, reprendre Châteaudouble, et que, le 5 septembre 1580, au passage de l'armée royale à Saint-Nazaire, les Réformés abandonnèrent la ville, sauf une quarantaine qui s'étaient réfugiés dans la tour, et que malgré leur soumission ils furent tués « et la ville à leur occasion bruslée ».

Chorier ne parle pas de cette rigueur inexplicable et barbare.

Douze ans plus tard, en vertu d'un accord entre Lesdiguières et d'Ornano, la destruction des châteaux de Saint-Nazaire et Flandène ayant été résolue, de nombreux démolisseurs, venus des environs, renversaient créneaux, machicoulis et remparts, et Saint-Nazaire n'offre plus que des ruines. Heureusement, le besoin de la paix et l'édit de Nantes calment enfin les discordes passées et chacun se met à l'œuvre pour restaurer le bourg (1).

LV. — *Le Tiers-Etat.*

Il n'est pas possible de suivre les étapes de l'émancipation populaire ni de découvrir les ressources de la population du mandement pour supporter les charges qui la grevaient, à cause de leur répartition, tantôt sur Saint-Nazaire seul, tantôt sur les paroisses annexées. La commune, située dans un val étroit, fut d'abord habitée par des esclaves sous la domination romaine, et ensuite par des serfs de la glèbe ; au Moyen-Age, la propriété est attribuée à ces derniers, moyennant des redevances annuelles. Ainsi les Dauphins y percevaient 110 sétiers de blé, 120 d'avoine, 40 poules, 8 livres de cire, 1 de poivre et 80 deniers en argent. La part des Poitiers n'est pas connue.

Sous Charles VII et Louis XI, les tailles dues au roi vinrent s'ajouter aux redevances féodales, et du XVIe siècle à la fin du XVIIe, les logements militaires, les aides, les contributions de tout genre, ruinèrent le pays.

(1) Valbonnais, *Histoire du Dauphiné.* — *Histoire des Dauphins de Viennois*, etc., par Duchesne. — Guy Allard, notes manuscrites. — Moréri, *Dictionnaire historique*, au mot Tallard. — La Chesnaye des Bois et *Armorial du Dauphiné.* — Chorier, *Histoire du Dauphiné.* — Eust. Piémont, *Mémoires.* — L'abbé Vincent, *Lettres historiques sur le Royans.* — *Inventaire sommaire des archives* de la Drôme, tome V.

Le territoire actuel a seulement 363 hectares d'étendue sur lesquels les rochers, les rivières et les chemins en prennent une part. Aussi, un document officiel de 1839 réduit-il la contenance imposable à 330 hectares d'un revenu de 10.990 francs, soit 33 francs l'un, et celui de ses 235 maisons à 8.785 francs.

Ses quatre contributions, en 1873, ont produit 5.263 francs à l'Etat, 1.747 francs au département, 2.146 francs au budget communal, et 259 francs au fonds de non valeurs. En 1788, pour 2 feux 3/4, il était payé 1.099 livres 1/2 de tailles, 776 livres 1/2 d'impositions accessoires, 159 livres 16 sols sur les Trois-Ordres, et 560 livres de capitation : total, 2.598 livres 16 sols.

Evidemment, la culture des terres n'a pu, aux diverses époques, suffire seul à l'acquittement des charges publiques ; il lui a fallu le secours de l'industrie et du commerce. L'existence d'une banque juive au Moyen-Age, le rétablissement, en 1548, d'un ancien marché, interrompu par les guerres et les épidémies, la reconstruction d'une halle, en 1582, et un procès, vers 1520, contre les péagers et gabeliers de Romans, pour exactions indues, témoignent en ferveur de l'activité des habitants.

En 1389, lors de réparations importantes au pont de Romans, une convention avec le prieur de la Chartreuse de Bouvantes portait qu'il serait pris dans les bois du monastère, au prix de 1 florin chacun, 30 sapins de 9 toises de long, auxquels il en fut ajouté 3 de bonne grâce. Or, pour les conduire à destination, il fallut un an, l'emploi de 150 hommes et de 80 paires de bœufs, ce qui porta le prix de chaque sapin à 12 florins, 4 gros. Saint-Nazaire dut concourir à ces transports et à d'autres pareils, à cause de sa position près de la Bourne et de l'Isère. Il y avait aussi, comme dans la plupart des villages quelques drapiers et tisseurs d'étoffes : MM. Massot, de Lyon, y créèrent, en 1812, une grande manufacture de petites étoffes de soie, occupant jusqu'à 150 ouvriers.

Aujourd'hui, une filature et une fabrique à ouvrer la soie, ainsi que deux de tissage de velours soie y existent encore.

Faute de documents, l'historien ne peut soulever davantage le voile qui couvre la vie intérieure du bourg, ses archives, longtemps conservées dans un coffre à la sacristie, ont été transférées naguère à la mairie et l'inventaire en a été imprimé. Malheureusement les chartes des libertés en ont disparu et les seules révélations recueillies dans les délibérations et les comptes consulaires regardent les faits de guerre du XVIe siècle, des réparations aux murs d'enceinte, en 1568, à la halle et aux ponts, en 1618, une imposition de 2.700 livres en 1575, pour les troupes de passage ou de la garnison, une autre imposition de 1.241 livres, vers 1574, levée à raison de 3 feux pour Saint-Nazaire, de 3 feux 1/3 pour

La Motte, de 2 feux 1/3 pour Saint-Thomas, de 10 feux 1/3 pour Saint-Jean, de 6 feux pour Oriol et de 2 feux pour Saint-Martin-le-Colonel.

La reconstruction de l'hôpital, à l'aide des arrérages d'une fondation faite par Feysan, en 1545, et le rétablissement du marché du mercredi, en 1613, y figurent aussi, à côté d'un certain nombre de dépenses pour collations offertes aux Egyptiens, Sarrasins ou Bohémiens de passage, pour les éloigner (1), pour les gages d'un instituteur, et pour présents au seigneur du lieu dont la protection n'était pas à dédaigner. En 1593, il fut offert à M. de La Beaume un veau et une énorme truite ; en 1597, un cerf pris sous le pont de la Bourne; en 1606, 3 gélinotes ; en 1607, 3 livres de truffes ; en 1643, une jument du prix de 84 livres ; en 1663, 148 livres à Mme de La Beaume, en 1666, 44 livres au comte de Tallard.

Des assemblées des chefs de famille votaient les recettes et les dépenses annuelles et le consul soumettait ses comptes avec les pièces justificatives à des auditeurs qui les vérifiaient scrupuleusement, car, en 1597, les 32 sols payés aux peintres qui avaient réparé « la crosse de l'abbaye de Bongouvert » furent rejetés et mis à la charge de l'Association joyeuse. Un fragment de rôle des débiteurs de l'abbaye, en 1611, mentionne Jomard pour les 3 livres de son mariage, Vinay et Chapan pour 7 barraux de vin de rente arriérée, Cordeil, Drogue et Virrepuis pour 1 barral de vin à cause de leur deuxième mariage, et Rivail, pour 3 sols et 1 barral de vin muscat évalué 3 livres à cause de son 4° !

Saint-Nazaire n'offre aucun monument ancien ; la tour Poitevine, près du pont de la Bourne, les Portes de la Rivière, de Malissole, du Rif-Rouge et du Pont-en-Royans n'existent plus. Seule, l'église, malgré le style roman de son chœur et de son beffroi, sa chapelle ogivale et sa nef plus récente, mérite encore l'attention du touriste. Elle était desservie, en 1295, par un chapelain que le prieur de Saint-Félix de Valence nommait, et tous les deux se partageaient les offrandes faites aux funérailles, aux baptêmes et services divers. L'ordre de Saint-Ruf, aboli vers 1772, succéda au prieuré de Saint-Félix.

---

(1) Ces nomades tiraient le nom de Bohémiens, de tribus de l'Indoustan, établies sur les bords de l'Indus, qui se réfugièrent en Bohême pour échapper à la mort dont Tamerlan les menaçait, en 1408 : celui d'Egyptiens leur vint de chrétiens chassés de la Basse-Egypte par les Sarrasins, et condamnés, disaient-ils, par le Pape, à un pèlerinage de sept ans. Ils parurent, en 1427, à Paris, et en 1434, à Montélimar. Ils n'ont cessé depuis lors de parcourir le monde.

Une note de la mairie, de 1860, donne pour illustrations à la commune le général Allemand et le colonel Macaire Massot. Les *Lettres historiques sur le Royans* y ajoutent Guillaume Auberjon, en 1381 ; Claude de Bologne, en 1440 ; Antoine de Bologne, en 1470 ; Félix Basset, anobli en 1586, conseiller au Parlement ; André Basset qui s'intitulait sieur de Saint-Nazaire, et Guy Basset, connu par ses plaidoyers et ses arrêts, anobli en 1647.

On peut citer encore Humbert Colonel, valet de chambre du dauphin Humbert II, auquel ce prince donna le moulin de la fontaine de Tai, voisin de la grotte de même nom, remarquable par sa voûte élancée et majestueuse, ainsi que par ses stalactites aux formes et aux couleurs variées.

Distance de Valence, 35 kilomètres, du Bourg-de-Péage, son chef-lieu de canton, 17 kilomètres.

Population : 80 chefs de familles en 1688 ; 956 habitants en 1860 ; 1.024, en 1878 ; 719, en 1899 ; 696, en 1911 ; en 1921, 963.

Saint-Thomas

Située sur la même colline que La Motte Fanjas, au Sud-Est de Saint-Nazaire, cette commune a des hameaux, mais nulle agglomération principale. L'église et la mairie, avec quelques maisons voisines, sont peu éloignées de la route de Saint-Jean-en-Royans, son chef-lieu de canton. Une requête de l'an 1600 nous apprend qu'à cette date les habitants de La Motte, Oriol, Saint-Martin-le-Colonel et Saint-Thomas, demandaient de faire partie du mandement de Saint-Nazaire, comme avant l'arrêt du 18 février 1591, qui les en avait séparés, et former un corps de 27 feux et demi, à la charge par chaque paroisse de payer les dettes créées par l'arrêt de séparation. La raison alléguée se tirait des grands ravages des gens de guerre, « en exigeant les assignations qu'ils avoient. »

Comme les archives anciennes de la mairie ont disparu, la décision prise n'est pas arrivée jusqu'à nous. On sait pourtant qu'en 1686, Saint-Thomas avait un rôle de taille distinct, une cinquantaine de chefs de famille, ne faisant aucun trafic et travaillant la terre, le comte de Tallard pour seigneur, des chemins et un pont en état, sans péage, et comme revenu principal du blé, du seigle, des châtaignes, des noix et du vin (1).

En 1788, la commune était cotisée pour 2 feux et une fraction de feu à 790 livres de taille, 562 d'impositions accessoires, 180 de capitation et 148 sur les trois ordres ; total, 1.680.

---

(1) Archives de la Drôme, Election de Valence, C. 927.

Elle a payé, en 1873, 2.739 fr. 30 à l'Etat, 1.261 fr. 69 au département, 1.450 fr. 70 à son receveur municipal et 98 fr. 76 au fonds de non-valeurs. D'après un document officiel de 1839, sa contenance imposable arrivait à 488 hectares, d'un revenu de 20.840 fr., soit 55 fr. chacun, et ses 66 maisons, de 1.261 fr. (1).

On a vu déjà que le service religieux incombait au prieur de La Motte-Fanjas. Une chapelle vicariale, créée en 1823, a été remplacée par une succursale, le 1er juillet 1852.

Sans deux inscriptions romaines, le touriste pourrait continuer sans regret sa route vers Saint Jean ; mais ces monuments antiques ont quelque droit à son attention. Tous les deux ont été publiés bien des fois, et cependant M. Allmer est le seul qui les ait étudiés sur place, avec sa haute compétence.

Le premier cippe est encastré dans le mur du colombier du château de Chatronière ou Chartronière (et non Chateraunière), construit ou habité par une ancienne famille de Moirans. Il fut trouvé, en 1615, par « nob(le) Just Bertrand au Biachic » et transporté dans sa demeure. Toutefois, une lettre de M. Bellier de Prêles, du 16 juin 1779, le place dans une forêt voisine du Pont-en-Royans, avec deux autres tombes, dont l'une renfermait des os de jambes de 2 pieds et demi, ce qui avait fait croire à la présence en cet endroit de quelque éléphant enterré avec son maître. (2)

Voici l'inscription :

D. M.
C. BICATI
POTITI. P. P I.
ET VIREIAE
TEREN(T)IAE.
VIVI SIBI
FECERUNT.

Diis Manibus Caii Bicatii Potiti primopilaris et Vireiae Terentiae vivi sibi fecerunt.

Aux Dieux Mânes de Caius Bicatius Potitus, primipile et de Vireia Terentia qui de leur vivant se sont fait construire ce tombeau.

Le primipile, d'après M. Allmer, commandait la première centurie des triaires, armés d'un javelot, et l'absence du nom de la tribu permet de supposer l'inscription postérieure à Caracalla.

---

(1) Mermoz, *Nouveau projet de répartition*, 1839, br. in-4°.
(2) Guettard, *Minéralogie du Dauphiné*, introduction.

Une lettre de 1779 avait cru reconnaître là des princes très puissants, alors qu'il s'agit simplement d'un chef militaire (1).

Or, si le texte de cette inscription a été relevé à peu près exactement, il n'en est pas de même de la suivante, découverte au même endroit à une époque plus récente.

En voici la transcription et la traduction :

L. MAEC. TERTI
F. MAELONI
EXCES. OST.
TIB. ANN. L.
FILII SVI F.

Lucio Maecio Tertii filio, Maeloni, excesso ostio Tiberis, annorum quinquaginta, filii sui fecerunt.

A Maecius, fils de Maecius Tertius Maelo, mort à l'embouchure du Tibre, âgé de 50 ans, ses fils ont élevé ce tombeau.

Il ne s'agit donc ici que d'un voyageur du Royans, décédé à l'embouchure du Tibre, par accident ou par suite de maladie. Toutefois, selon M. Allmer, le mot *excessus* pour *defunctus* n'a pas été rencontré ailleurs dans ce sens.

La *Revue du Dauphiné* et les *Lettres sur le Royans* avaient traduit : (2)

« Aux Dieux Mânes de Lucius Mecertius, fils de Milon, mort sous le poids d'un ostracisme décrété par Tibère; ses fils, du consentement de l'empereur, lui ont élevé ce monument. »

M. Long s'étonne avec raison de rencontrer l'ostracisme chez les Romains et sous Tibère surtout, qui avait des moyens plus prompts de se débarrasser des importuns ; aussi propose-t-il avec un peu d'hésitation, de lire :

« Aux Dieux Mânes de Lucius Maectertus, fils de Melonus, gardien du port d'Ostie, ou de la navigation du Tibre, décédé pendant la première année de sa charge, auquel ses enfants ont élevé ce monument. » (3)

Ces lectures et ces traductions, comme on le voit, s'écartent beaucoup de celles de M. Allmer ; mais, en épigraphie, chaque mot, chaque lettre, chaque point méritent un examen attentif, et avant de traduire il importe de s'assurer rigoureusement du texte.

---

(1) *Bulletin de la Société d'Archéologie de la Drôme*, t. III, 229.

(2) *Revue du Dauphiné*, t. II, p. 134. — *Lettres sur le Royans*, p. 7.

(3) *Recherches sur les antiquités du pays des Voconces*, p. 180.

Cette petite digression révèle tout l'intérêt des inscriptions de Saint-Thomas, à 4 kilomètres de Saint-Jean-en-Royans et à 40 de Valence.

Population : en 1896, 322 habitants; en 1878, 329 ; en 1911, 350; en 1921, 267.

Saint-Jean-en Royans

Dans la verte vallée de la Lionne, affluent de la Bourne, et sur sa rive droite, un bourg important s'élève un peu en amphithéâtre au pied de montagnes boisées à l'est, alors que d'autres plus lointaines, à l'ouest et au midi, encadrent le paysage. Aux riants côteaux y succèdent les prairies, les fermes et les vergers ; partout se révèlent les richesses d'un sol admirablement accidenté ; aussi les peintres contemplent-ils avec plaisir ces variétés d'aspects, de tons et de perspectives.

Les Romains et les Gallo-Romains n'ont laissé là que de rares vestiges de leur passage. Une seule inscription, transportée à Valence, chez un marchand de fer, et ensuite à Montélimar dans les belles collections de M. Ludovic Vallentin, président actuel de la Société d'Archéologie de la Drôme, y rappelle le peuple-roi. En voici le texte :

MERCURIO
AVG
DANNIA
MARTINA
EX VOTO

Soit en français : « A Mercure Auguste Dannia Martina, en accomplissement d'un vœu ».

M. Allmer voit là une des divinités que l'empereur avait admises dans le panthéon romain, afin d'en éliminer les dieux et déesses d'une origine barbare. Mais il ne nous apprend rien sur la dévote à Mercure (1).

Avec les invasions burgonde et franque, le Royans échappe à toutes les recherches ; il n'est pas mentionné non plus sous les Bosonides et les Hugonides, et ne dut la formation de ses villages qu'aux seigneuries formées par les fonctionnaires civils et militaires de Rodolphe le Fainéant, mort en 1032.

A cette époque remonte la famille d'Ismidon de Royans, déjà

(1) *Bulletin de la Société d'Archéologie de la Drôme*, t. III, p. 227.

rencontrée à Saint-Nazaire, dont le mandement englobe Saint-Jean, Saint-Thomas, La Motte-Fanjas et Saint-Martin-le-Colonel.

M. l'abbé Vincent, le vaillant historien de nombreuses communes de la Drôme, après avoir recherché l'origine de son bourg natal, lui attribue « l'allure d'un parvenu endimanché que l'on dirait né d'hier, tant ses maisons paraissent neuves et fraîches ». Il ajoute que le territoire était jadis couvert de bois, où, selon la tradition, les Dauphins venaient courre le cerf et le sanglier, et qu'une belle source attirait près d'elle une foule de malades par ses vertus miraculeuses. De là vint à l'agglomération primitive le nom de Saint-Jean-de-Bonnefon.

C'est là une simple hypothèse, démentie par l'histoire. On a vu en effet, qu'Artaud, évêque de Grenoble de 1036 à 1058, confirma à l'abbaye de Montmajour-lès-Arles, le privilège de pouvoir seule posséder dans le pays des biens et des bénéfices à elle octroyés par Ismidon de Royans.

Cette abbaye, que des auteurs font remonter à saint Trophime évêque d'Arles, vers l'an 67 de notre ère ; d'autres à saint Hilaire de 429 à 449 ; les troisièmes à Chilpéric, fils de Clovis, et ensuite à Charlemagne, et les modernes à la première moitié du xe siècle, ne tarda pas à posséder un prieuré à Saint-Jean. Le pape Gélase II lui confirma, en 1118, la possession de l'église nouvelle et les bulles de Calixte II, en 1123, d'Eugène III, en 1152, de Lucius III, en 1184, d'Innocent III, en 1201, et d'Alexandre IV en 1258, qualifient l'établissement bénédictin de monastère.

De leur côté, les empereurs d'Allemagne se prétendant héritiers du dernier Hugonide, maintenaient, en 1210, avec Othon IV, et en 1223, avec Frédéric II, la possession de la ville de Saint-Jean aux religieux arlésiens (1).

Il est certain que les serviteurs et les tenanciers du monastère ne tardèrent pas à se construire des maisons tout autour et que peu à peu le modeste village se transforma en gros bourg.

L'absence de remparts, de tours et de citadelles s'explique aisément avec cette origine, car les seigneurs voisins respectaient d'ordinaire la terre ecclésiastique.

On trouve dans le testament d'Alix de La Tour, veuve de noble Rambaud Osasèche, en 1248 ou 1249, un legs de 50 livres à l'église de Saint-Jean pour un anniversaire. On a vu que Flotte de Royans épousa Guillaume de Poitiers, et Sibille, Aymar III, leur fils.

Rien d'étonnant, dès lors, que les Bérenger, les Clermont, les

---

(1) Idem, t. XXV et XXVI.

La Baume-d'Hostun et les ducs de Tallard aient possédé Saint-Jean et tout le mandement de Saint-Nazaire, sans oublier Oriol.

De leur côté, les dauphins n'eurent garde de négliger ce gracieux coin de terre, et Humbert II, en 1339 et en 1343, exigea des Sassenage la reconnaissance de la suzeraineté du Pont-en-Royans.

On sait que les fils aînés des rois de France succédèrent aux Dauphins.

Il résulte de ces détails que l'histoire civile de Saint-Jean rentre dans celle de Saint-Nazaire.

Quant à l'histoire religieuse, elle est circonscrite dans des limites assez étroites. Les religieux de Montmajour, après avoir possédé des fiefs et des maisons dans une vingtaine de diocèses, les perdirent peu à peu, probablement faute de sujets. On ne trouve plus à Saint-Jean aux xve et xvie siècles que des prieurs, et en 1621, l'ordre des Minimes hérita du prieuré, à la condition d'ouvrir une école de théologie au Bourg-de-Péage, où il venait de s'installer.

La population dut recourir de bonne heure à l'agriculture, au commerce et à l'industrie pour se créer des ressources. On manque de renseignements sur les étapes suivies de ce côté. Mais de 1732 à 1758, les draps forts et mi-forts, blancs ou mêlés de couleurs, les draps croisés dit capucins, les seizains et draps de billard de Saint-Jean jouissent d'un excellent renom. Il y avait avant la Révolution un bureau pour les marquer et un garde juré, et une fête solennelle le jour de saint Blaise, patron de la corporation. En 1806, M. Grand de Châteauneuf exposait à Paris deux qualités de draps de billard qui attirèrent l'attention des connaisseurs, et en 1815, 20 métiers ou fabriques de draps occupaient encore 250 ouvriers. Depuis lors, cette industrie a complètement cessé, au grand regret de la population.

Il y avait aussi avant la Révolution, une ou plusieurs papeteries à en juger par le nombre de papetiers mentionnés dans les registres paroissiaux.

D'après le témoignage de l'historien du Royans, les archives communales de Saint-Jean alimentèrent un feu de joie, au commencement de la Révolution. Le bel hôtel de ville récent ne renferme, en effet, que l'ancien état-civil, de 1619 à 1792, et un cadastre de 1590. Ces documents offrent, sans contredit, d'utiles renseignements aux familles et à la statistique, mais ils ne révèlent pas de faits de nature à solliciter la curiosité.

Avec la perte des libertés et franchises du lieu, des délibérations et des comptes consulaires, des pièces relatives à l'armée, à l'agriculture, au commerce et à l'industrie, l'historien se heurte fatalement à d'insurmontables difficultés. Si les archives des Minimes du Bourg-de-Péage, prieurs de la paroisse, lui restent, il n'y rencontre guère que des procès causés par les compétitions des bénéficiers, par le refus de la dîme ou des censes que leurs emphytéotes ou leurs fidèles devaient. On y voit, cependant, en 1308, un acte du dauphin Jean, soumettant la population, les nobles exceptés, à la banalité des moulins et, en 1453, une confirmation de ces privilèges par le dauphin Louis.

Plus tard, en 1571, un prieur vendit ses gauchons ou foulons pour les draps, à Jay, moyennant 270 livres et Jay les aliéna, à son tour, à Antoine de la Baume-d'Hostun, qui les convertit en moulins à farine. Le prieur l'assigna devant le parlement, qui ordonna la démolition des nouveaux artifices.

M. de la Baume ne supporta pas cet échec de bonne grâce, et comme le pape avait permis au roi de vendre pour 50.000 écus de biens ecclésiastiques, afin de l'aider à soutenir la guerre contre le duc de Savoie, le seigneur de Saint-Nazaire et de son mandement acquit « les moulins, pressoirs et rabats » de Saint-Jean au prix de 195 écus 53 sols, en 1596, outre 174 écus en 1599 et 450 livres en 1604, pour plus-value. Dès lors, il fit remplacer les anciens édifices du prieuré par d'autres, construits, cette fois, sur un sol de sa mouvance.

L'inventaire des archives des Minimes signale encore, en 1252 et en 1308, des privilèges octroyés au prieur par le dauphin de Viennois, comme le droit de ban-vin, les langues des bœufs et les nombles (filets) des porcs, tués à la boucherie.

Or, la durée un peu longue du ban-vin ou privilège exclusif de vendre du vin, de Pâques à la Saint-Jean (24 juin), ne manqua pas de susciter des plaintes ; Jeanne d'Arzay de La Cardonnière, épouse de noble Adrien de Lattier, voulut même s'en exonérer comme noble ; mais le parlement donna raison au prieur (1691).

Il y avait aussi la dîme des grains, du vin, des fruits et du bétail, établie en France, selon Montesquieu, par Charlemagne, pour secourir les pauvres et entretenir les églises et le clergé, à une époque où il n'avait guère d'autres ressources.

Un acte de 1492 nous apprend qu'à Saint-Jean, la dîme se payait à la cote dixième ; toutefois un accord, postérieur de cinq ans à peine, décida que pour les grains et légumes le laboureur prendrait 15 gerbes et laisserait la 16e au prieur ; que pour le vin, elle serait acquittée au sortir de la tine ou des tonneaux, à la cote 14e, avec exemption pour les raisins mûris sur les arbres et pour le couvent (piquette) ; que des agneaux et chevreaux, l'habitant en aurait 15 et le prieur un ; enfin que celle du chanvre se lèverait à la cote 20e.

Or, en 1756, les censes et rentes, les dîmes de Saint-Jean, de Saint-Thomas, de Saint-Agnan-en-Vercors et des montagnes de

Muzan et de Scie, étaient affermées de 1.500 à 2.600 livres, sur lesquelles le curé en prélevait 300 pour sa portion congrue, le vicaire 150, le service de la sacristie 284, le luminaire 20, l'abbaye de Montmajour 50 de pension, le prieur de Saint-Thomas 52 1/2, les impôts des immeubles 45, l'entretien des bâtiments 90 et les décimes dus au roi 404. Le surplus appartenait aux Minimes, chargés d'enseigner la philosophie et la théologie au Bourg-de-Péage.

Sauf les arrosages avec l'eau de Choleton, on ne trouvera pas d'autres détails dans les papiers du prieuré.

Grâce aux écrivains dauphinois quelques renseignements sur les guerres du XVIe siècle pourraient ici trouver une assez large place ; mais quel profit tirerait le lecteur du souvenir de ces luttes fratricides? Un seul fait, à cause de son originalité, mérite une mention. Un parti assez considérable de réformés, venant de Die, menaçait Saint-Jean. Le capitaine Gémon, commandant de la place, réclama toutes les hardes disponibles du bourg, choisit un poste favorable à son dessein et y planta des pieux de coudrier habillés en soldats. En vain les assaillants déchargèrent-ils leur mousqueterie sur le carré immobile, il ne riposta point ; mais Gémon et les siens sortant de leur cachette couvrirent de cadavres le champ de bataille appelé depuis Pos des Morts.

Sans parler des logements militaires, des contributions exigées de part et d'autre, ni même du blocus de 1588, par Cugie et Gouvernet, levé après trois jours de résistance et suivi de l'incendie des maisons, il est facile de concevoir les maux soufferts pendant près de 40 ans de guerres, de trèves et d'alarmes sans cesse renaissantes.

La population, au retour de la paix, acquit, peu à peu, par son intelligence et son travail, une aisance qui s'est maintenue jusqu'à nos jours.

La création d'un chef-lieu de canton seconda heureusement cet essor, et en succédant à la draperie et à la papeterie, la tabletterie, la boissellerie et l'ouvraison des soies vinrent apporter de nouveaux secours.

M. l'abbé Vincent fait naître à Saint-Jean plusieurs guerriers de la République et de l'Empire remarqués par leur courage, mais il ne donne le nom d'aucun d'eux. Ajoutons que cet historien a mérité la reconnaissance des érudits par ses recherches sur plus de 50 communes de la Drôme, à une époque où il était presque seul à cultiver ce genre d'études, et où ni le dépôt départemental, ni celui des mairies n'était classé.

Parmi les autres membres du clergé, une mention honorable revient aussi à MM. Berruyer, Mouralis et Belle, fondateurs ou directeurs d'un collège ou petit séminaire d'où sont sortis de nombreux et excellents prêtres.

Saint-Jean a vu naître aussi Ezingeard (Etienne), nommé notaire en 1774 et choisi par ses concitoyens pour les représenter à l'assemblée de Vizille et aux Etats de Romans. Il fut aussi élu député suppléant à l'Assemblée législative et commissaire du gouvernement près l'administration municipale du canton. Son fils, Louis-Etienne, d'une taille remarquable, servit comme capitaine, devint ensuite juge de paix et mourut en 1830.

Un autre enfant de Saint-Jean a eu son heure de célébrité ; c'est Claudius Gallix, inspecteur général de l'imprimerie et de la librairie, sous le 2e empire, fondateur à Mexico du premier journal français, et auteur d'une *Géographie*, de *Révélations* sur la société du Dix-Décembre, etc.

Les touristes ne doivent pas quitter Saint-Jean sans visiter la boiserie du chœur de l'église, due au ciseau des chartreux de Bouvantes ; quant à l'église elle-même, construite après 1687, sur les plans et devis de l'ingénieur Dieulamant, elle n'offre rien de remarquable.

La population de 2.700 habitants en 1839, s'élève aujourd'hui (1899) à 2.889 habitants. Elle n'est plus, en 1911, que de 2.800 habitants, et, en 1921, que de 2.470.

A la même date, la contenance imposable accusait 2.735 hectares d'un revenu de 106.665 fr., et ses 563 maisons de 21.993 fr.

En 1873, ses quatre contributions directes ont produit à l'Etat 20.837 fr. 39 ; au département 7.652 fr. 12 ; à la commune 10.100 fr. 68 et au fonds de non-valeur 881 fr. 32.

Distance de Valence, 44 kilomètres.

Saint-Laurent-en-Royans

Deux historiens ont déja fait connaître le passé de ce village, situé dans la plaine entre Saint-Jean et Pont-en-Royans. L'un, M. l'abbé Vincent s'est attaché surtout au quartier de la Bâtie, rendu célèbre par le prince Zizim et par Hélène de Sassenage ; l'autre, par M. le chanoine Fillet, a mis en lumière tous les documents découverts depuis la publication des *Lettres* de son prédécesseur. Notre tâche sera donc facile.

Si l'époque préhistorique, faute de recherches, y demeure ignorée, l'époque romaine s'y révèle par des poteries, des monnaies anciennes, une statuette en bronze, et surtout par un tombeau conservé dans le cimetière actuel, présentant sur sa face supérieure une patère sculptée en creux, sur le côté gauche une ascia (hache) en relief, et sur une de ses faces principales l'inscription suivante :

T. SAMMIO. TER
TIOLO. SCRIB
AERARI. DEFV
NCTO, ANN. XXVI
CONNIA, CON
NIOLA. CON
IVGI. OPTIMO
ET SAMMIUS
CONNIUS. PATRI.

Cette inscription, endommagée par le temps, se lit ainsi : Tito Sammio Tertiolo scribae aerarii, defuncto annorum XXVI, Connia Conniola conjugi optimo et Sammius Connius, patri.

A Titus Sammius Tertiolus, employé aux écritures de la caisse municipale, décédé à 26 ans, Tonnia Connolia et Sammius Connius ont élevé ce monument, l'une à son excellent mari, et l'autre à son père (adoptif).

M. Allmer, qui a très savamment interprété cette inscription, pense que les trésoriers de la caisse municipale ou questeurs représentaient nos receveurs municipaux actuels.

Après les Romains, les invasions barbares jonchent le sol de ruines et un épais linceul de silence et de mort couvre une région naguère florissante, pendant plusieurs siècles. Cependant, peu à peu, la culture des terres et la reconstruction des maisons y rendent nécessaire une église, dédiée à Saint-Laurent, dont les seigneurs du voisinage s'adjugent les revenus. Dans la suite, ils ont des remords et restituent les biens usurpés. C'est ainsi qu'en 1086, Armier, Chanoine, Guillaume, Boniface et Baudoin, de Chapeverse, fils de Guillaume, seigneur d'un quartier de ce nom, à Prêles, près Choranches, donne à Saint-Barnard de Romans les églises de Saint-Laurent et de Sainte-Eulalie. « Nous faisons ce don, disent-ils, pour la rédemption de nos âmes et de celles de notre Père et d'Atila, notre mère, avec le conseil et l'approbation de Guillaume de Pariset, dont elles relèvent, et avec l'assentiment et la confirmation de François Lambert et de sa mère Abhaldisie. A son tour, l'évêque de Die sanctionne l'acte de libéralité, qui nous remet en présence des premiers seigneurs de Peyrins et de Saint-Nazaire, prédécesseurs des Bérenger et des Poitiers.

On trouve bien encore vers le même temps la donation à la même Abbaye romanaise d'une métairie sur les bords du Challiard, à Saint-Martin-le-Colonel, et d'une autre à Châtelus ; mais ses archives ne parlent plus de Saint-Laurent où apparaissent, aux XIIe et XIIIe siècles, les Templiers et les Hospitaliers de Saint-Jean-de-Jérusalem, appelés dans la suite chevaliers de Rhodes et de Malte.

L'institution de ces deux ordres religieux et militaires suivit de près la première Croisade : le premier date de 1108 et le second de 1113. Tous les deux avaient pour mission de protéger contre les infidèles les voyageurs et les pèlerins. Ce double but leur valut de nombreuses largesses et leur permit d'établir des refuges le long des principales routes. Dès 1183, les Templiers possédaient à Valence la commanderie de Saint-Emilien, et peu après, une maison à Saint-Laurent.

Les richesses de l'Ordre lui devinrent fatales, et, en 1311, le Concile de Vienne l'abolit. Appelés à recueillir sa succession, les Hospitaliers se trouvèrent en présence de puissants seigneurs qui les détenaient. Ainsi Guy, frère du Dauphin Jean II, transigeait, le 13 juin 1314, avec frère Hugues Eustache, représentant du grand-maître, et obtenait la maison de Saint-Jean-du-Trièves et celle de Saint-Laurent-en-Royans, « qui fut autrefois de la milice du Temple », avec tous leurs droits et appartenances, sa vie durant, à la condition d'en supporter toutes les charges et d'en acquitter les dettes. Quatre ans plus tard, Guy mourait, après avoir disposé de ses biens en faveur d'Humbert, son neveu. Or, le défunt laissait une fille unique, Anne, épouse de Raimond de Baux, prince d'Orange, et une veuve Béatrix de Baux d'Avellin, qui avaient des droits sur son héritage. Deux actes de 1318 les dédommagèrent : Béatrix reçut diverses sommes, et Anne, tous les meubles, joyaux, vases d'or et d'argent, les armes exceptées, existant à la mort de Guy, à la Bâtie-de-Royans, dans la maison de Saint-Laurent, à Saint-Nazaire, à Pisançon et dans tout le Valentinois, 36.000 livres de petits tournois et une rente annuelle de 18.000 livres sur les revenus de Saint-Nazaire et de Saint-Lattier, et la haute juridiction sur le château de La Baume-d'Hostun.

Après ces arrangements, les Hospitaliers se reconnurent vassaux des Dauphins ; toutefois, en 1349, Humbert II céda à Henri de Sassenage, seigneur du Pont-en-Royans, son créancier, tous ses hommes, censes, revenus, droits, hommages, immeubles, chasse et droits quelconques entre les rivières de Lionne et de Vernaison. Malgré cette cession, les Hospitaliers conservèrent leur maison de Saint-Laurent et ses dépendances à Saint-Jean-en-Royans, aux Bournières, et aux Gachetières alors dans la paroisse de Saint-Thomas.

M. Fillet, enfant du pays, et à ce titre bien renseigné, place les terres de la commanderie, dépendance de Saint-Vincent-de-Valence, entre Le Cholet, les Chaux et le quartier de Mey et leur attribue, en outre, le patronage de la cure, la dîme, les mortalages et des censes et lods de divers emphytéotes ou tenanciers.

Selon lui, la dîme fut réglée par un accord de 1503, lors d'un différend entre Zenot, commandeur, et Musselon, syndic de la communauté, à la cote de 25ᵉ pour le blé, le vin, le chanvre, les agneaux, chevreaux et porcelets. Tenot avait prétendu l'exiger à la cote dixième ; mais Musselon répondait que, de temps immémorial, elle était laissée à la dévotion des habitants, le commandeur jouissant de revenus suffisants pour vivre et pour assurer le service paroissial.

On trouve encore de nouvelles difficultés sur ce point, en 1668 et en 1750, au sujet de la levée des récoltes et de la dîme des légumes.

Les mortalages comprenaient le mobilier des ecclésiastiques chargés du service religieux et quelque tribut exigé des parents des défunts ; seuls les frais funéraires revenaient au curé.

Dîme, mortalages et droits seigneuriaux s'affermaient, en 1658, environ 400 livres, et 950, en 1759, sur lesquelles on prélevait l'entretien de l'église et de son mobilier et celui du curé et de son vicaire (1).

Comme les papiers et terriers, et avec eux probablement les archives de la commune, furent brûlés le 10 novembre 1793, il est impossible de décrire la condition des habitants avant cette époque ; ce qu'on en sait se réduit aux réponses faites le 4 septembre 1687 à un commissaire de l'élection de Valence, en tournée.

Le principal revenu de la communauté consiste en vignes et quelque peu de blé et de seigle ; la récolte a été fort médiocre dans la plaine de Saint-Laurent et à Laval, un de ses quartiers, à cause des inondations des années précédentes et d'une nouvelle, le 1ᵉʳ septembre courant. Le négoce et trafic de Saint-Laurent réside dans la fabrication des peignes, dont le débit a beaucoup diminué. Il y a 250 chefs de famille. Le pont de la Lionne, commun avec Saint-Thomas, réclame de grandes réparations, et le grand chemin du Saut, allant aux montagnes du Vercors et à Die, se trouve en très mauvais état. Le marquis de Sassenage possède la seigneurie du lieu où il n'y a ni fiefs, ni arrière-fiefs, ni personne se qualifiant noble. Les consuls ont seulement réparti la taille royale avec tout le soin possible, et la rentrée s'en effectue sans difficulté (2).

---

(1) *Bulletin d'histoire ecclésiastique et d'archéologie religieuse des diocèses de Valence, Gap, Grenoble et Viviers,* livraisons 93 et suivantes.

(2) *Archives de la Drôme,* C. 926.

De Saint-Laurent, nous allons à La Bâtie.

Il ne faut chercher dans le village ni remparts ni fortifications ; le château féodal se trouvait à 1.500 mètres nord-ouest, sur un monticule isolé au milieu d'une plaine fertile, qu'entourent au loin des montagnes verdoyantes. Ce qui en reste se réduit à un mur circulaire ou elliptique, et à quelques débris de tuiles et d'ardoises. Les Bérenger, princes du Royans, depuis le XIIIe siècle en avaient fait leur demeure préférée ; là, ils recevaient les hommages de leurs vassaux, là, ils venaient appendre leur armure après la guerre et donner des fêtes à leurs voisins ; là aussi étaient conservés les portraits des ancêtres : chevaliers, ambassadeurs, généraux, prélats, gouverneurs de province, avec les marques de leurs dignités et de leurs fonctions.

Faut-il rappeler aussi l'infortuné Zizim, prisonnier à Rochechinard, oubliant son malheur à la Bâtie, auprès de Philippe-Hélène de Sassenage ? « Elle étoit jeune, belle et spirituelle, dit Chorier ; le prince conceut d'abord tant d'estime et d'amour pour elle qu'il ne put dissimuler ni l'une ni l'autre. Depuis il n'eut de conversation qu'avec elle, et souvent elle vit la fierté othomane soupirer et pleurer à ses pieds. S'il eût pu disposer de lui, il auroit préféré le plaisir de vivre avec elle à celui de régner dans l'Asie avec Bajazet. Mais après quelques mois de séjour en ce païs, les ordres du grand maître (de Rhodes) le confinèrent en Auvergne » (1).

De son côté, Philippe-Hélène ne fut pas très heureuse. Mariée trois fois, d'abord avec Aimar de Grolée, seigneur de Bressieu, en 1484, ensuite avec Hugues de Luirieu, et enfin avec Jacques de Montbel, seigneur d'Entremonts, elle mourut, en 1533, à Chambéry.

Une autre demoiselle de Sassenage, Marguerite, fille d'Antoine et de Louise de la Baume, étant, un jour de l'an 1609, dans une des tours du château, fut frappée de la foudre sans en être blessée.

On a aussi un acte d'hommage rendu, en 1421, au même endroit, par Jean et Louis de La Baume à Henri de Sassenage et, en 1371, un acte d'acquisition par François, un de ses prédécesseurs, de la part de François de Beaumont, mari de Béatrix Alleman, dans le même château. Depuis cette époque, ses possesseurs s'appliquèrent à l'embellir et à le fortifier : « C'était comme leur maison de plaisance ! » selon M. l'abbé Vincent (2).

La première race des seigneurs de Sassenage, s'étant éteinte avec Albert II, général des armées du roi en Poitou et Saintonge,

(1) *Histoire du Dauphiné*, II, 481.
(2) *Lettres sur le Royans*, p. 244.

mort en 1339, Béatrix, sa sœur, épousa Aimon Bérenger, seigneur du Pont-en-Royans, et leur fils, Henri, prit le nom et les armes de Sassenage, en vertu d'une clause testamentaire de François, son aïeul maternel.

Un des descendants d'Henri, au quinzième degré, Charles-François, appelé le marquis de Sassenage, né en 1704, nommé colonel en 1711, mestre de camp de cavalerie l'année suivante et lieutenant général de Dauphiné de 1730 à 1746, préféra au séjour de la Bâtie celui de Sassenage, où venait de s'élever un château plus en harmonie avec les mœurs et les goûts de l'époque. Ce fut un arrêt de mort pour le castel du Royans, que ni le feu ni les guerres n'ont renversé, car, peu après le départ de ses possesseurs, les tenanciers voisins n'y voyant plus qu'une carrière de matériaux tout préparés se ruèrent sur lui et de ses débris construisirent les maisons du hameau des Tracols. Depuis lors la charrue a transformé son enceinte en champ de blé fertile.

La gloire des Bérenger-Sassenage et le nom de Zizim auraient dû cependant préserver cette demeure historique d'une ruine totale.

De l'autre côté, au sud de Saint-Laurent, dans une gorge de montagnes pareille à celle de Choranche et d'Echevis, traversée par la rivière de Cholet, affluent de la Lyonne, existait jadis une paroisse connue sous le nom de Laval-Saint-Mémoire, où de nombreuses tombes gallo-romaines ont été découvertes. On ignore la date précise de la fondation du prieuré et le nom de l'abbaye dont il dépendait. Les uns l'ont donné aux chevaliers de Malte, les autres aux religieux de Sainte-Croix ou du Pont et les troisièmes aux Bénédictins.

Quoi qu'il en soit, en 1511, le curé de Sainte-Eulalie y faisait le service religieux et y recevait la dîme du blé, des légumes et du vin à la cote 18e et celle des agneaux, chevreaux et porcelets et du chanvre à la cote 13e ; en 1759, ces cotes étaient portés à la 20e pour le blé et les légumes, les haricots et fayoles exceptés, et à 1 sol 1/2 par agneau. Elle s'affermait 122 livres. Il y avait 18 ménages tous catholiques et 60 communiants environ.

L'église a cessé d'exister depuis quelques années.

En longeant le Cholet, entre cette rivière et le quartier de Mey, une fabrique à fer, dite *des Martinets*, a longtemps occupé d'assez nombreux ouvriers. M. l'abbé Vincent l'attribue aux Chartreux de Bouvantes, qui, en 1672, la firent construire par Guigues Chevalier, marchand de Grenoble (1). Elle appartenait, en 1741, à

---

(1) *Lettres sur le Royans*, p. 213.

Blanc père et fils, fondateurs d'une chapelle encore ouverte en 1765 (1).

Le mémoire de Bouchu, en 1698, ne parle pas des Martinets de Saint-Laurent, mais celui d'un autre intendant, en 1755, nous apprend qu'il y avait alors 8 fourneaux dans la province, dont un à Saint-Laurent, propriété du sieur Réal, et qu'il coulait chaque jour ordinairement 30 quintaux de gueuse, rapportant 225 fr., sur lesquels il fallait payer 5 ouvriers, le charbon, le sable, le tuf et la terre et entretenir les artifices (2).

L'établissement passa, après la Révolution, à M. Boissière, de Paris, et après lui à M. Duval (3). Saint-Laurent a vu naître, le 26 juillet 1806, Philippe-Victor Didon, prédicateur de talent et ensuite supérieur du séminaire de Saint-Nicolas, à Paris, où il mourut en 1839. On a de lui huit ouvrages sur la théologie et l'histoire sainte et ecclésiastique.

Un autre enfant du village, né le 29 juin 1767, Jean-Pierre Chuilon, après avoir réalisé dans le commerce à Lyon une belle fortune, laissa tous ses biens à la paroisse ou à la commune, pour être employés à l'éducation des enfants des deux sexes, « les garçons par les Frères et les filles par les Sœurs de l'Ecole chrétienne». Le legs s'élevait à 160.000 fr. environ, mais divers frais le réduisirent à 133.000 (4).

Contenance imposable en 1839, 2.690 hectares, dont 1.772 en landes ou stériles, d'un revenu de 61.870 fr., et 247 maisons d'un revenu de 6.251 fr.

Population en 1839, 1.240 habitants ; en 1899, 1.122 ; en 1911, 938; et, en 1921, 813.

Produit des 4 contributions, en 1873, 17. 452 fr. 33, dont 7.274 fr. 25 à l'Etat, 3.288 fr. 36 au département, 6.577 fr. 05 à la commune, et 312 fr. 16 aux non valeurs.

Distances : de Saint-Jean, son chef-lieu de canton, 4 kilom.; de Valence, 45 kilom.

Altitude : 496 mètres.

Sainte-Eulalie et Echevis

L'histoire féodale de ces deux communes se confond avec celle de la seigneurie du Pont-en-Royans et des Bérenger Sassenage, qui la possédaient.

---

(1) Fillet, *Histoire religieuse de Saint-Laurent-en-Royans.*
(2) Drôme, série C, 1040.
(3) *Lettres sur le Royans.*
(4) Abbé Fillet, *Saint-Laurent religieux.*

Il a été question déjà de cette famille à Saint-Nazaire, où les François, seigneurs de Peyrins, l'attirèrent par une alliance. Salvaing de Boissieu donne en ces termes la suite de leurs annales :

« Raymond Bérenger, seigneur indépendant de Beauvoir, en « 1227, était arrière fils d'Ismidon, prince de Royans, vivant l'an « 1030, qui fut père de Bérenger, seigneur renommé de son temps, « le nom duquel a fait le surnom de ses descendants, comme il est « arrivé à beaucoup de familles du royaume. Le père de Raymond « fut père de Raynaud, duquel est descendu, en ligne masculine, « Charles, baron de Sassenage, marquis de Pont-en-Royans. Il « eut aussi deux frères puisnés, l'un nommé Rambaud Osacicca « qui eut en partage la terre de Saint-Nazaire-en-Royans et ne « laissa qu'une fille nommée Flotte, qui fut mariée à Guillaume « de Poitiers, comte de Valentinois. L'autre eut nom Guigues, « seigneur de Morges, au bailliage de Graisivaudan, tige de la « maison des Bérenger, seigneurs de Morges, de Puigeron, du « Guâ et de Beaufain... »

« Raymond étant mort, Raynaud, Lambert et Chabert ses enfants, consentirent unanimement qu'Hugues, leur frère, de l'ordre des Frères Mineurs, très habile homme, fît le partage des biens de la succession (1259)... Raynaud eut les terres du Pont-en-Royans, de Rancurel, de Châtelus, de Barbières et le fief et droit d'hommage d'Iseron. Lambert eut Chapeverse et Chabert, Saint-André, à condition que ceux-ci en feraient hommage à Raynaud ; réciproquement Raynaud fut chargé de faire hommage à Chabert de la terre du Pont, à condition qu'après le décès de Chabert, ce fief serait éteint, et en conséquence que le droit de pleine seigneurie retournerait *ipso jure* à Raynaud et à ses héritiers et à sa première nature de liberté ».

« Ces derniers mots justifient l'indépendance de la terre du Pont, laquelle fut possédée souverainement par les descendants de Raynaud jusqu'à Henry, son petit-fils, baron de Sassenage qui l'assujettit l'an 1339 à l'hommage d'Humbert II, dernier des anciens Dauphins.... » (1)

On a vu déjà que le même Henri, fils d'Aimon Bérenger, seigneur du Pont-en-Royans, et de Béatrix de Sassenage prit le nom et les armes de la famille de sa mère et que leurs descendants les ont glorieusement conservés. Ajoutons que Marie-Françoise-Casimire, fille de Gabriel-Alphonse, marquis de Sassenage, issu au 14e degré d'Henri, et de Catherine-Ferdinande d'Hostun-Tallard,

---

(1) *De l'usage des fiefs*, dernière édition, 2e partie, p. 114 et suiv.

épousa en 1718, son cousin germain, Charles-François de Sassenage, seigneur du Pont-en-Royans, que Marie-Françoise-Camille, née de ce mariage, s'unit en mai 1755, avec Raymond-Pierre, marquis de Bérenger, comte du Guâ et que leur postérité existe encore (1).

Un rapport à l'élection de Valence donne un aperçu de la situation de la commune en 1687 : son revenu principal consiste en blé, vin, châtaignes. Le produit des récoltes a été médiocre et les dommages causés par des inondations antérieures ne lui ont valu aucun soulagement pour ses impôts ; il n'y a ni trafic, ni négoce ; tous ses habitants cultivent la terre. Le pont jeté sur la Vernaison du côté du Pont-en-Royans se trouve en bon état. M. le Marquis de Sassenage est seigneur du lieu et il n'y existe aucun autre fief ou arrière fief. On y compte 55 chefs de famille.

Contenance en 1835 ; 230 hectares en bois, 291 en terres labourables, 7 en vignes, 44 en prairies, 18 en pâturages, 19 en rivières et chemins, total 611.

M. Mermoz, en 1839, accuse seulement 593 hectares imposables d'un revenu de 25.499 fr., soit 43 fr., l'un, et 78 maisons d'un revenu de 1.600 francs.

Impôts : les 4 contributions, en 1873, ont rapporté 2.898 fr. à l'Etat, 1.293 fr. 91 au département, 1.872 fr. 32 à la commune, 117 fr. 22 au fonds de non valeurs.

Population : 383 habitants en 1835, 328 en 1878, 301 en 1899, 262 en 1911 et 268 en 1921.

Distance de Saint-Jean-en-Royans, son chef-lieu de canton, 7 kilomètres ; de Valence, 47.

Altitude : 493 mètres.

Si le passé communal de Sainte-Eulalie demeure inconnu, faute d'archives, le tramway de Valence qui doit mettre en communication le Vercors avec les vallées de l'Isère et du Rhône, lui réserve un brillant avenir. Aussi ses maisons deviennent-elles plus élégantes et plus nombreuses d'une année à l'autre, et il est probable que la nouvelle voie ferrée le reliera un jour avec le Pont-en-Royans et Choranche où une belle station thermale existe depuis peu de temps.

Echevis

De Sainte-Eulalie, par la route du Pont-en-Royans à Die, on entre bientôt dans les Petits-Goulets et ensuite dans une vallée

---

(1) *Armorial du Dauphiné*, aux mots Bérenger et Sassenage.

pittoresque, couverte d'arbres fruitiers et de prairies, arrosées par la rivière de Vernaison. Cette vallée fermée par des rochers énormes à ses deux extrémités jouit d'une route bien connue des touristes, par ses tunnels, ses encorbellements et les précipices qu'elle brave et évite. La description des travaux d'art exécutés aux Petits et aux Grands Goulets se trouve dans tous les Guides, illustrés ou non. Il faut laisser aux voyageurs le plaisir de contempler les sites un peu sauvages de la vallée d'Echevis et d'y éprouver de sérieuses émotions.

Comme il ne s'agit ici que de l'histoire de la commune, elle sera bien courte, faute de documents et, y en eût-il, qu'une population disséminée ne saurait avoir d'événements tragiques à rappeler. Son village, très modeste, comprend l'église, la mairie et l'école avec deux ou trois maisons, le tout dissimulé derrière des peupliers et des noyers. Les étymologistes tirent son nom, Eschavis, de *Eschafino*, de *Eschaffinis*, *Eschaffins*, *Echavisium* des mots *cavus*, lieu creux et *vis*, *visa*, rivière, ou bien d'*uch*, élevé et de *vis*, torrents.

On a découvert dans le pays des tombes à auges et des urnes sphéroïdales, révélant d'anciennes sépultures, mais aucune inscription. Comme les religieuses de Vernaison sur Châteauneuf-d'Isère avaient des redevances et quelques fonds près d'une montagne éboulée, on a cru retrouver à Echevis un ancien couvent ; cette hypothèse repose uniquement sur la tradition, car au XIVe siècle la paroisse était desservie par un prêtre séculier et, en 1511, les revenus de la cure s'affermaient 12 écus sol. L'église tomba en ruines au XVIe siècle et se releva en 1626.

Population : 195 habitants en 1835 ; 192, en 1878 ; et 117 en 1899 ; en 1912, 105 ; et en 1921, 93.

Contenance : 686 hectares en bois, 173 en terres, 10 en vignes, 42 en prairies, 178 en pâturages, 27 en chemins et rivières, etc. Total 1.111 hectares en 1835.

Altitude : 516 mètres.

Les revenus des 1.083 hectares imposables en 1839 étaient de 10.830 fr., soit 10 fr. l'un et ceux de ses 45 maisons de 528 fr.

Contributions de 1873 : part de l'Etat 1.037 fr. 73, du département 483 fr. 86, de la commune 798 fr. 85, non valeurs 41 fr. 97.

Distance : 12 kilomètres de Saint-Jean-en-Royans, son chef-lieu de canton, 53 de Valence.

Ici s'arrêtent nos recherches sur le Royans de la Drôme. Les ouvrages d'histoire naturelle et les guides nombreux existants permettent de l'étudier sous d'autres aspects. Nous avons eu pour unique but de rappeler aux voyageurs qui parcourent ce beau pays de verdure et de fraîcheur, les rares faits historiques accomplis çà et là. Le philosophe ne se contente pas d'admirer la nature et ses richesses variées; il aime à connaître les anciens habitants des châteaux et des fermes en ruines et ce spectacle rend ses excursions utiles et agréables.

Avant de quitter Echevis et les Goulets, notre rôle d'historien doit consacrer un souvenir aux habiles ingénieurs qui ont créé la route du Vercors. Il existe plusieurs brochures en faveur des uns et des autres; nous n'avons pas à les discuter ici. Qu'il nous suffise de rappeler les conclusions d'un rapport dressé par une commission spéciale :

1° L'idée d'une route par les Goulets est ancienne et se retrouve dans plusieurs réclamations des notabilités du Vercors.

2° L'étude des voies et moyens à été dirigée par MM. les Ingénieurs de Montrond et de Montricher, et faite dans toutes les règles par M. Adam, conducteur des ponts et chaussées.

3° L'initiative de révision du projet de M. Adam et l'ordre de s'occuper des modifications à y introduire émane en entier de M. Bernard.

4° En 1843 et en 1845, M. Réveillat présenta deux projets diminuant la pente de la route et la reportant sur les flancs du rocher, au lieu d'une voûte longitudinale qui couvrait le lit du torrent de Vernaison, sur une certaine longueur. Enfin M. Marchand surveilla et dirigea avec soin les travaux préparés et ordonnés par M. Bernard.

Voilà des noms dignes de mémoire, à cause des services rendus à leur pays par des hommes dévoués et instruits.

A. LACROIX, *archiviste de la Drôme.*

TABLE DES MATIÈRES

Valence. — Imprimerie Valentinoise.

www.ingramcontent.com/pod-product-compliance
Ingram Content Group UK Ltd.
Pitfield, Milton Keynes, MK11 3LW, UK
UKHW021546260726
13993UKWH00002B/674

9 782329 203799